学校が育てた「生きる力」

〝お節介〟先生、卒業生に会いに行く

小泉秀人

同時代社

はじめに

最近、この国の大人や若者の顔つきが、「さえない」と思う（自分も含めて）。

これだけ電車の中でスマホやガラケーをいじっている人間が多い国は、ほかにないのではないか？　一心不乱にゲームをしたり、文のチェックをしている姿は、どこか生気がなく、操っているというより、〝操られている〟感じがする。「優先席付近では、携帯電話の電源をお切りください」という表示の前で、座っている全員がスマホなどの画面を注視している光景に出会ったこともある。「ジョークか？」と感じて頭がクラクラした。明らかに、何かが狂ってきているのではないか。なんとかならないものか、と思ってしまう。２０１５年1月に情報セキュリティー会社のデジタルアーツがおこなった調査では、女子高校生のスマホ・携帯電話の一日の平均使用時間は、約7時間だという（男子は４・１時間）。15時間以上が、約１割だそうだ（２０１５年2月10日、朝日新聞より）。

また、年輩の方々から、「今の若者は、何を考えているのか、さっぱりわからない」「いや、何も考えていないんじゃないか」という声もよく聞く。しかし、毎日高校生と接している私のような人間からみると、少なくとも後者の見方は重大な誤解と思える。何も考えていないどころか、彼らは考えすぎるほど考えている。LINEでのやりとり、ブログへの書き込みなどは、膨大な量に上っているはずだ。そして、私は、その「誤解」を放っておけない気持ちになる。なんとなれば、こんにち、原発や、中国や韓国などとの関係など先行きが不安で、特に年金世代と将来世代との格差や対立が話題になる現代では、これまで以上に、「若者と年輩の人間がどうつながって、これからの社会を築いていくか」というテーマは、切実なものがあると思うからだ。

そこで私は、この国のこれからに光を見出し、若者たちとのつながりを模索しようとして、〝いい顔をしている若者たち〟へのインタビューを試みた。希望や自尊心をもって、凛とした生き方をしている若者たち、それは、私が約40年間高校の教員生活をしていて出会った教え子たちである。

たとえば1章の智佳は、子育てに奮闘しつつ、養護教諭として中学生たちに素晴らしい教育を施しながら、地域の子育て仲間たちと、切実な課題での学習会や自主上映運動などに取り組んでいる。2章の耕太は、いろいろな挫折や試練を乗り越え、お子さんやパートナー、ご両親を大切にしながら、自分で人生を切り開いていく力を身につけている。3章の愛は、私の教え子ではないが、私と教え子、私と高校生のつながりをいいセンスでとらえ、大学院での研究や自主的な社会活動に生かしている。4章の弘樹や輝哉は、大学生の時に数百名を集めるイベントを企画したりして、今の人生につながる自信をしっかりつかみ、有名企業に就職したり、「農業の新しい可能性を切り開く」地域づくりの実践などをおこなっている。

その取材のなかで、彼らの〝いい生き方〟の背景の一つに、彼らが現役の高校生だったころの私とのかかわりがあるのではないか、と思えてきた。それは、たとえばこんなことである。

いまの若者たちの〝暗い顔〟の主因と私が考えるのは、「勉強は苦役だ。でも、それをやって、いい大学に入らないと……」という〝思い込み〟である。では、勉強が楽しくなったら、どうだろう？〝いい大学〟に入らなくたって〝いい人生〟が送れるという、自分への自信がもてたら、どうだろう？暗い顔どころか、生き生き、のびのび、自分を発揮できるのではないか。智佳たちは、友人たちや私とのかかわりなどからそういう生き方を体得したように感じられる。

また、本書でも記す通り、私とここに出てくる教え子たちとは、「個人対個人としては対等な民主主義的関係」が築けていると思うが、こんにち、そのことは大切な意味をもっていないだろうか。というのは、そういう関係を築き上げていく営みが、未来のよりよい社会づくりの一つの可能性を作り出すのではないか、と考えるからである。さらに、そういう関係のなかから、いまの若者たちが、古い世代が及びもつかないようなすばらしい思想や社会を生み出してくれるのではないか、と私は期待しているのだ。若者と年輩者は〝対立〟させられているが、よく考えてみると、たとえば、現状で感じる〝無意識の根源的な不安〟や〝お祭りさわぎくらいしか楽しみがない〟（2章参照）といったレベルでは、若者も年輩者も同じだと思う。ともに感じる、現代の〝生きづらさ〟にどう向き合い、これからどんな夢や人間関係をつむいでいったらいいのだろうか。

このささやかな本は、現状に生きづらさを感じている若者たち、「今どきの若い連中は……」と慨嘆されている御仁、子育てに悩んでいらっしゃる親御さんたち、「生徒や学生たちとつながれない」と心を痛めている教員の皆さん、そして、日々報道されるニュースに暗い気持ちになっておられるすべての方々にこそ、届けたい。

読んでくださった方々の心がぽっと暖かくなったり、「いまの日本にもこんな素敵な若者たちがいて、苦しみながらも頑張っているんだ」「まだまだ人生捨てたもんじゃない」と感じたりして、「ちょっと自分も頑張ってみるか！」と思っていただけたら、小著を世に出した者としては作者冥利につきる思いだ。

なお、登場人物は私をのぞいて全員仮名にした。年齢は２０１５年3月31日現在のものである。

＊目次

第1章

不満そうなオーラを発していた生徒の〝変身〟

坂口智佳　35歳

（1）私はイヤなヤツだった

私はもがいていた

あなたのまわりにも、こういうタイプの人がいると思う。

他人の批判をする。まぁ、当たっている。語らせればご立派なことを言う。まぁ、弁は立つ。しかしその人がやっていることは、大したことはない。何を隠そう、私はまさにそういう教員だった。自覚していない人よりはマシだったかもしれないが、自覚していただけに苦しかった。もがいていた。

他人の授業を見ると、「教員から生徒への一方通行」に感じることが多かった。かりに生徒たちがノッている授業を見ても、「それが、いまの彼らとどうつながっているんだろう？」「教員の個人プレーじゃないのか」などと思った。自分以外の生活指導部長の訓話など聞くと、「そんなこと、生徒は全部わかっているのに。『わかってるのになぜやってしまうのか』ということが大事なのに」と感じた。

総じて、他の教員の指導の多くが、生徒たちと〝つながっていない〟と感じられた。つながっていなければ、意味がない。……そう、思っていた。

……と偉そうに書いてきたが、それでは、授業やホームルームで、現実の20代や30代の私は生徒たちとつながってきたのかというと、残念ながら否だった（生活指導部長としての話や部活動の指導で、また担任として、一瞬手ごたえを感じる時もあったが）。むしろ生徒たちとの関係づくりでは、私以外の一部の教員たちにずっと劣等感を抱き続けてきた。

たとえば、年齢と無関係になぜか生徒たちから愛されてるなあ、と感じられる教員たちがいた。文化祭のクラス企画のネーミング（喫茶店の店名とか）に、必ずといっていいほど、その人の名前・あだ名・キャラなどが使われるタイプの人たち。私は担任をしてもそんなことは皆無だったから、いつも「羨ましいなあ」と思っていた。また、体育科の教員に以下のことが当てはまるタイプの人が多いように思うが、個々の生徒たちを深く的確につかみ、たとえば、私が口に出したら大問題になりそうな表現を生徒にぶつけても、ぶつけられた方は苦笑いを浮かべるくらいでしっかりと信頼関係が成り立っている、と感じさせられたりする……。

そうした方々と比較すると、私は、生徒たちのなかに入っていこうとはするのだが、どうもうまくいかない。本音をぶつけ合えず、いつも隔靴掻痒という感じだった。つながりたい、でもうまくいかない、どうしたらいいのかわからない……堂々巡りだった。

大学を出て１９７５年に勤めた埼玉の県立高校（当時は男子校）で、私は忘れられない体験をした。まず、一年目にこんなことを生徒に書かれた。

「先生は、いい先生になろうとしているのはわかるが、惜しいことに頭でぶつかってばかりいて、心でぶつかってこない」

二年目に生まれて初めて担任をもったが、三年目に受けもったクラス（生徒たちは高二）で退学者が出て、しかもその生徒にクラス全員の前で私は殴られ、恐怖心から私は逃げた。それを見て、それまで少数ながら私についていこうとしていた生徒たちの心も離れた感じで、クラスは惨憺たる状態になった。私は今でも血圧は低い方だが、当時普段の最高血圧が80～90くらいだったのが、130くらいまで上がったのを覚えている。その翌年、持ち上がり（学校独特の表現で、メンバーが変わらず上の学年に進むこと）で三年の担任をしているときに父が亡くなり、私は故郷である東京都の採用試験を受けて合格し、担任していた生徒たちの卒業式の年、1979年の4月に都立A高校に転勤した。

故郷に帰って間もないころ、そんな私を、埼玉で担任した卒業生7、8名が訪ねてきた。彼らの自宅から当時私が住んでいた所まで来るには2時間くらいかかったと思う。彼らは、私を囲んで次々に批判を述べ、それらはすべて当たっている気がして、すっかり私は意気消沈してしまった。すると最後に、一人の生徒がこう言ってくれた。

「先生、先生には見所があると思うから、僕たちはこうやって埼玉から電車賃払って意見しに来たんだよ。それを忘れないで、いい先生になってね」

それでも、どんなにもがいても自分の求める授業はできず、一部を除いて生徒たちとつながった実感はもてなかった。クラス担任や部活動の顧問などではいくらかましな体験もしたが、劣等感は相変わらずだし、とにかく授業が不本意だった。

そして、都立Ｂ高校に異動したのは１９８８年、私が36歳の時だった。坂口智佳の担任になったのはその８年後だったが、私は、自分が追い求めていた授業について諦めかかっていた。

というのは、彼女たちを受け持つ何年か前、Ｂ高校でこんな生徒の文章に出会ったのだ。

「先生が求めていることはわかるような気がします。でも絶対それは無理です。なぜなら僕たちは、とても疲れているから。まわりへの気づかい、受験勉強、僕たちはもうクタクタです」

これには、正直言って参った。そもそも、教員という成績をつける側と、生徒という成績をつけられる側の関係は絶対的である。いくら、生徒の〝いい感想文〟に出会ったとしても、生徒の方には無意識にも教員への媚があるかもしれないし、私が求めているような〝生徒たちとつながる授業〟など所詮無理なのか、と感じ始めていた。クラス担任としても、私のキャラでは生徒たちとつながることは一生できないのかなあ、と諦めかけていたのである。

（２）どこか不満そうな女の子

〝できのよさそうな〟生徒たちの闇

智佳を初めて見た時の印象。エネルギッシュで好奇心旺盛な女の子、そんな感じだった。利発そうだった。その一方で、「私は、自分を発揮できていない現状に不満です！」というオーラを発していたのが気になった。

智佳が通っていたB高校は、中学での成績がかなりいい方の生徒が多かったし、素直な性格の生徒の割合も多かった。確かに、授業中はシーンとしている。その前に私が勤めていたA高校では、授業中騒いでいる生徒に、「静かにしなさい」と注意しても5分ともたないことがあった。

見るからに〝できのよさそうな〟生徒たち。しかし、卒業した後の生徒ロッカーの汚れ具合はひどかった。ごっそり運動靴や教科書などが残っていて、散らかしほうだい。三学年の担任団が、泥だらけ、埃だらけになって掃除している光景が、3月の風物詩だった。〝できのよさそうな〟子どもたちは、それだけに、つい〝いい評価をもらうための行動〟に走りがちである感じだった。その〝憂さ晴らし〟の行動が、「評価とおサラバしたとたん、汚れたロッカーの後片付けなんかしない」ということになるのではないだろうか。だとしたら、彼らは〝できのよさそうな〟表層の裏に、鬱屈とした〝闇〟も抱えているのではないか。

そういえば、A高校からB高校に異動した直後に、私が注目したことがあった。それは、B高校の生徒が、「1人で泣いている」光景である。どういう状況でそうなるのかというと、担任との個人面談で「希望する進路先は、このままではむずかしい」といった指摘を受けた後、というのが多かった気がする。

こういった光景は、A高校ではあまり見かけないものだった。たとえば、進路についての面談で、希望の実現が困難だと言われたら、「あ、そうですか。じゃ、いいです」といった様子で、「コイツら、なんとかして生きていくだろうなあ」と感じさせる反応が多かった。それに比べると、いい子で生きてきたB高校の生徒たちは〝ひよわ〟に見えた。そういった生徒たちと〝つながる〟ことについて、B高校で7年ほど勤めた私は諦めかかっていたわけである。

第一印象で諦め、開き直った

高一から高二でクラス替えをして、高二のクラスで初めて智佳たちを目にした私は、すぐに、「だめだこりゃ」と思った。

何度も書くが、彼女らの通うB高校の生徒たちは、A高校の生徒たちと比べれば中学校での成績はダントツにいいし、素直さを感じさせる生徒たちの割合も高い。しかし、なのである。

ビートたけしがツービートというコンビを組んでいたころ、「赤信号　みんなで渡れば　こわくない」というのをはやらせたことがあった。そういう時代の風潮と軌を一にしている気がするのだが、「マジメより、ちょいワルが、カッコイイ」「要領悪いヤツは、ご苦労さん！」というムードが、当時、子ども社会に蔓延しているように感じられた（いまも？）。

ではそれが、〝いい子〟を演じている（？）B高校ではどうなるか。たとえば、担任の言うことに即座に「いいですね！」なんて反応することは、小学生っぽくてカッコ悪いのである。シニカルに「そう簡単に、乗らないぞ」というのが、大人っぽくてカッコイイのである。もちろん、クラスによって雰囲気に多少の違いはあるのだが、智佳のクラスからはそのような雰囲気がムンムン伝わってきた。

それに対して私など、20代半ばから30代前半にかけて、A高校で生徒たちから、「先生、熱血だね（からかって）」「まだ青いね」「先生、世の中そんなに甘くないよ」などと言われてきた、もろ単細胞のタイプである。智佳たちのクラスでは、そんな私に対して露骨な拒否反応を感じた。

まず、男子のHR（ホームルーム）委員である晃にそれを感じた。彼は私とちがって、非常に飲み込みが早く先が読める男だった。一方、私は、くどくどと、まどろっこしく喋る人間である。彼も辟易としたにちがいない。その気持ちがはっきりと表情に出ていた（そういうところは、まだ子ども？）。

それから、本人は自覚していなかったかもしれないが、周囲を威圧するオーラを発している女子生徒の和美がいた。私の第一印象としては、彼女は、〝自分の思い通りにならないと、ブーたれる〟タイプだった。ここまでの人生で何があったのだろう。笑顔はとてもいい感じなのに、その笑顔がほとんど見られなかった。

智佳はというと、クラスで支配的なしらけムードには反対のようだったが、〝1人では何もできない〟と諦めている感じで、しかし、〝自分を発揮できないのも、このクラスの状態も不本意だ〟というオーラを発していた。

そして、その3人以外の生徒たちは、その時の私にはおしなべて表情を消しているように見えた。私にとって、クラスのムードは暗かった。B高校では、高二・高三はクラス替えのない「持ち上がり」が原則だったから、「やれやれ、もうすぐ異動というところで、こういうクラスに当たったかあ……」というのが、その時の私の正直な感想だった。

しかし、Ｂ高校の生徒たちがどんな闇を抱えていようと、それは断じて彼らの責任ではない、ということも思っていた。教室に行って、うさんくさそうに上目づかいでこちらを見上げる目や無表情のオンパレードに出会うと、こちらの気も塞いだが、ちょうど授業で諦めかかっていた時でもあり、逆に開き直ることができた。

「オレはもう、伝わるかどうかなんて気にしないで、言いたいことを言おう！　コイツらにとって大切だと思えることを、彼らが納得するかどうか、なんて気にしないで！」そう思ったのである。どんな言葉を伝えたか、今でもはっきり覚えていることを一つ書く。

「昔から現在まで残っている、この国の言葉に学ぼう。それらは、『確かにそうだ』と思う人が多かったから生き残っているんだ。たとえば、『若いうちの苦労は、買ってでもせよ』という言葉がある。最近は、要領よく苦労を避けることが賢いかのような風潮があったり、親が子どもに苦労させないようにしたりする、なんてことを聞くけど、そういうのは間違っていると思う。苦労を乗り越えた時に、初めて自信ってつくんだよ」

いつのまにか変わった

どこかの時点で「あれ？」と思った。そのクラスは、二年で世界史、三年で日本史を教えたが、私の感触では、二年の途中くらいから、生徒たちの授業を受ける姿勢が変わってきた。当時の私の実感を言葉にすると、波打ち際に打ち寄せた波が引いていく時、砂地がスポンジみたいに海水を吸収する、あんな感じなのである。

後で聞いてみると、彼らの何人かは、休み時間や放課後、修学旅行の夜などに友人たちと、あるいは帰宅後に家族と、私の授業やそこから派生したテーマで大いに語らい、さらに、クサイ（彼らの表現）話で盛り上がっていたのだそうだ。正直言って、いまでも、なぜそんな関係が成り立ったのかよくわからない。一つ思い当たるのは、私自身ちょうどそのころ、生徒たちと同年代だった自分の長女や長男との関係で悩んでいた、ということだ。

授業でもホームルームでも、食い入るように私の話を聞く生徒たちに、あだやおろそかな話はできない、と私は感じていた。それどころか、自分という存在の深いところから自分の中身が引き出されるような気さえした。私は、よく生徒たちに「俺はこんなこと言える人間じゃないんだけど」「俺はとっても弱い人間なんだけど」と言いながら話をした。家族のことで悩んでいることを隠せない時には、生徒たちの前で泣いた。聞いている生徒たちの、何人かの目にも涙があった。

智佳は、高三のクラスのHR委員だった。高二で初対面だった時とはすっかり顔つきが変わっていた。記憶に残っていることがある。智佳が教壇に立ち、教卓に手を置いて、クラスメートに呼びかけている。「今日はクラス目標を決めたいと思います。何かありませんか」そのことは智佳が事前にクラスメートに伝えていて、「考えてきてください」と訴えてあったことだった。しかし、みんな無言。担任である私は教室前方の入口に立ち、智佳を見ながら、「さて、どうなるかな」と思っていた。

「クラス目標は『無心』ってどうでしょうか。字、わかりますよね。言葉は簡潔ですけど、すごく深い意味がこめられていると思います。私たち、これから受験とか、いろいろあると思うんです。自分のことで精いっぱいになると思うけど、でも……」

智佳が熱っぽく語っている間、私は他の生徒たちの反応を見ていた。「何言いだしてんの？」みたいな表情で、１人の男子がニヤついていたのが印象に残っている。他の生徒たちも、男子のＨＲ委員である晃も含め、私語はせずに智佳の話に集中していたが、お世辞にもノッている感じはしなかった。ただ、冷たい眼差しではなく、温かく見守っている感じではあった。

「じゃ、決をとりたいと思います」と智佳。

「え、そうきたか。まぁでも、智佳と親しい女子生徒たちは何人もいるし男子生徒の多くは心優しい連中だから、『智佳が、そう言うんなら』と何人かは賛成するだろうな」と思って見ていた。

「賛成の人、手を挙げてください」という智佳の声に、手は一つも挙がらなかった。おやおや、俺の予想は外れたな、さて、智佳はどうするだろう……。

「では、『無心』に決めたいと思います」と、智佳は高らかに宣言した。どよめきが起こった。私の身体は、文字通りずっこけた。さて、どうしたものか……その後の記憶は、ない。ただ、「このクラスは、それでも大丈夫だろう」と思っていたことは確かだ。

このクラスには書道が師範級の名手（男子）がいて、彼も智佳の提案に温かい眼差しを送っていたのだが、見事な「無心」を２枚の色紙に書いてくれて、立派な額に入れて教室の前後に飾った。「ＭＵＳＨＩＮ」は、その後、クラスＴシャツのデザインにも使われた。この本の取材の時に、智佳は、クラス目標を決める前に「意見出るかな？」「小難しく考えるような決め方では、みんな乗ってこないかな？」などと考えて、〝みんなの気持ちを代弁しつつ、まとまりのある目標〟として一応案を用意しておいた、と言っていた。

私は、智佳たちと私のことを教職員組合の支部教研（教育研究集会）で発表しようと思った。その時智佳はもう卒業していたが付き合ってくれて、私の発表にこんな補足をしてくれた。

「先生は〝熱血〟だった。熱血ってけむたがられがちだけど、みんな心の中では求めている。心の中では熱いものを持っているけど、出したら軽くあしらわれると怖がっていた。それを引き出してくれたのが先生だった。熱く〝クサイ〟ことを語るのはためらうことではない、と先生が教えてくれた。先生の言っていることは理想主義に近い。でも本当はみんな信じたい。その思いを口に出せる環境だった」

晃と和美、それ以外の生徒たち

男子のHR委員である晃は、いい意味で私に対する批判者であり続けたような気がする。しかしその彼も、たとえば体育祭が終わった教室で、みんなで輪になって反省会をやろうとか掛け声かけようといった時に、少しひいて見ていた私を笑顔で手招きした光景が思い出される。

「ええ～？　俺はいいよ、先生の話長過ぎってみんな言ってるじゃん」と私が遠慮すると、「その話をみんな聞きたいんですよ」と言って、晃は私を強引に輪の中に入れる。

嬉しさもあってか、話し始めるとつい興奮して私の話は長くなる。すると晃は、「やれやれ」といった感じで苦笑いしつつも、「でも先生は、そうでなくっちゃ」というような表情で〝温かく見守っている〟感じなのである。今でも彼とは付き合っていて、お子さんが生まれたら写メを送ってくれたり、彼の音頭で行う有志の忘年会に私を招いたりしてくれている。

さきに書いた和美もずいぶん変わった。クラスメートといても明るくなった。ある時教室で和美が別の女子生徒に、「ねえ、××ちゃん、ちょっとおかしいよね」と言うのを聞いて、私はぎょっとした。言われた女子がすかさず、「そういう貴方も、変だけどね」と返事したら、和美はニコニコ笑いながら「でも、××ちゃんは、うちのクラスになくてはならない存在だよね」と言ったので、ほのぼのとした気分になれた。

第一印象で〝無表情〟に見えた生徒たちも、ずいぶん変わって見えてきた。

ある男子生徒が登校してきて、教室の机にバッグを無造作に置き、ニコニコしながら言った言葉が忘れられない。

「どうしてかなあ、俺、この教室に入ると、なんかホッとするんだよな～。自分ちにいるよりも。なんか俺、変かなあ」

すると別の男子が、「わかるそれ。俺もそうだもん」と応じていた。

彼らが卒業した半年後、私が属している民間教育研究団体の例会で生徒たちに集まってもらった。B高校でそれまでよく目にした光景は、卒業後にいわゆる有名大学に入学した者は意気揚々と母校に現れる一方、浪人した者などはどうしても職員室に来なければならない時は、野球帽を目深にかぶったりしてボソボソ話す、といったものだった。

ところが、その時智佳のクラスでは、浪人生も帽子などかぶらずニコニコして現れた。私が「よく来てくれたなぁ！」と声をかけると、ある生徒は〝当然っすよ〟という感じで微笑んで、「はい。だってみんなに会いたいですから」と答えた。

その会で、1人の女子がこう言った。

「わたし……ちょっと走り方がおかしいみたいで、小学校のころからいじめられてきたんです。一番つらかったのは、陰でこそこそ言われることでした。でも、このクラスでは、面と向かって、アンタちょっとおかしいよ、って言ってくれたんです」

さきの和美の発言にあった「××ちゃん」である。彼女がそう言うと、別の女子が「いまの話、すごくわかる。私もそうだった」と発言した。

彼らが在学中に私が強く感じていたのは、「生徒たちは、知識などの面では担任に敬意を払いつつ、個人対個人の人格の面では対等に見ているのではないか」ということだ。

卒業式が終わって数日後、合格した大学について私に知らせようと登校した生徒がいた。私とは会えずメッセージを残して帰宅したが、そこにはこんなことが書かれていた。

「小泉さんに一言。ドラマのビデオを見てたらふと気づいた言葉。

弱いということは、びんかんなこと。相手の痛みがわかること。強いということは、にぶいということ。
だから、自分の弱さとむきあって大切にすることが必要ということ。
けっこう先生のためになる言葉だと思ったので、伝えておきました。
それでは、さいなら」（傍点は著者。以下同様）

その生徒にかぎらず、よく生徒たちは、「先生、自分のことを弱いと言える人は、ほんとうは一番強い人だと思うよ」などと、私に声をかけてくれたものである。

また、ある生徒は卒業の際にこんなことを書いた。

「今度会う時までに、お互い自分を磨いていたいですね」

卒業式当日の夜、ほぼ全員が集まって（最後まで私と相性が合わなかったり、私を拒む者も2、3人いた）パーティーが行われた。（資料①）その時渡された寄せ書きならぬ、声を集めたカセットテープの中に、３人の男子生徒の替え歌が入っていた。

「小泉秀人は　ぼくらの担任　いつもぼくらを支えてる　小泉がんばれ　小泉がんばれ　小泉がんばれ
ありがとう」（「アルプス一万尺」のメロディーで）

３人が１人ずつ、「小泉がんばれ」と歌うところは、泣き虫で危なっかしい私へのエールに聞こえた。

この智佳たちのクラスの文化祭の出し物やクラスTシャツのデザインなどで、私の名前が、私にとっては人生で初めて使われた。三年の文化祭の模擬店の入り口には、私の顔写真を同じ大きさの段ボールに貼り付け、等身大の段ボールで作った胴体にあずき色のジャージを着せた、そんな人形が飾られた（そんな

3の5の卒業式

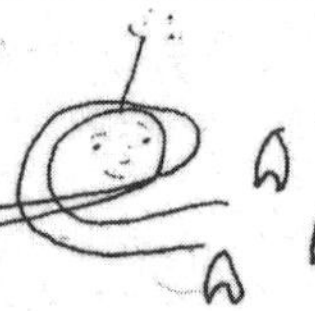

高校生という形でクラスのメンバー全員で何かをやろう、というのも、最後になりました。

最後は5組らしく、このクラスにはかかせない小泉先生を囲んでの会にしたいと思っています。そこでキックベース（晴れた場合）が終ったあと、急遽、

3年5組　in ゆめあん
卒業を記念して夕飯を食べる会

を企画しました。どうでしょう!! みんなで盛り上がろう!!

ぜひ、ぜひ、参加していただきたいのです！できれば全員で、できたらイイナァと企画者は思っていますので、（みんな）よろしく。

HR [redacted]

日時：3月12日（木）
場所：ゆめあん（[redacted]店）の座敷
時間：6:30〜8:30（2時間）

予約をしていますがその段階で、コース（多分豪華でしょう…）で注文をしたので高校生としてはとてもつらい額のお金になってしまいました。￥2500（+消費税!!）です。←（お願い、でも参加して!!）当日でOK。

おなかをすかせて気分をhighにして2500円分楽しもうさ。

（どうしてもこれない人は[redacted]まで言いに来て下さい）←今日のうちに。

ことしたら客が入らなくなる、と止めたのだが）。

（3）現在の智佳はどんな「保健室の先生」をやっているか

智佳の勤務校に行ってみた

２０１４年、智佳は公立のＨ中学校の養護教諭をしている。大学を出て、特別支援学校の介助員や産休代替講師などをした後、正教員となって９年目。２０１３年３月に第一子（長男）を出産し、産休が明けて２０１４年４月に現在の職場に転勤した。

９月の平日のある日、彼女の勤務校を訪れた。約束の時間に着き保健室に向かう私の背後から、聞き慣れた声が飛んだ。

「先生すみませーん。ちょっと待っててくださーい」

現場の教員の忙しさは、骨身にしみている。「保健室で待ってるよ」そう答えてノックすると、そこには体育着を着た女子生徒が１人、所在なさげに座っていた。ケガをした様子はない。熱が高い感じでもない。

私はその生徒に、「こんにちは。私、坂口先生とお話しする約束があって来ました（だから、不審者ではないですよ、ご心配なく）」と断る。

私が本を読んでいると、女性教員が入ってきた。私を見て会釈すると、女子生徒に対し無言のまま身振り手振りで、「さあ、おいで。ここから出なさい」という意思表示をして、女子生徒も無言で出て行った。〝授業出たくない症候群〟の子どもだったのだろうか。

「先生ごめん」しばらくして、智佳が入ってきた。

「かなり問題抱えてる子がしばらくぶりに登校してきて、けっこう深刻なんで管理職に説明してた。ふぅ。先生こっち来て。この学校はこういうスペースがあるんです」と、ソファーが置いてある場所に招じ入れる。保健室全体が入ってすぐと奥の半分ずつに分かれていて、奥のほうはその半分に何台かのベッドが置かれ、残りは来客用兼休憩用（？）のスペースになっていた。そのスペースはベッドとは区切られており、入口からは見えない。

私は、「手土産代わり」と、コンビニで買ったチョコレートの箱とせんべいの袋を出す。「あ、ありがとう。お茶いれるね」お茶をいれてくれた智佳は私の向かいのソファーに座ると、さっとチョコレートの箱を開けて、袋を一つ破って口に入れる。

「疲れてる時、チョコっていいでしょ」と私。「うん」と智佳。

しばらくとりとめもない話をした後で、私は取材に入ったが、そんなに時間がたたないうちに、「先生～！」と、入口から智佳を呼ぶ男子生徒の声。

「（小泉）先生ごめんね」「いやぁ、当然当然。オレのことは気にしないで」

私の位置から入口は見えない。声だけが聞こえる。「先生、氷ください」「あれ？　どうしたのそれ」「……（小さい声で聞き取れない）」「えー、何それ？　じゃ、氷で冷やすしかないからあげるけど、冷やして落ち着いたら、考えをまとめてまたおいで」「はーい」

するとドアが閉まる前に今度は女子生徒の声で「先生〜‼」

私は、職場にお邪魔したことを後悔していた。2014年3月まで智佳が勤務していたG中学校には、高校の案内の用事で行ってもっとゆったり話ができたのだが。まぁでも、今日は来てしまったし、智佳のリアルな仕事ぶりや中学生とのやりとりも興味深い。せいぜい迷惑かけないように、許された時間で取材しよう、と心に決めた。

智佳と中学生たち

智佳は、私が担任したB高校を卒業後、体育系の大学に進学した。何を隠そう、彼女はある団体競技の日本代表（！）メンバーで、クラブチームの世界大会で準優勝したことがあるのだ。日本ではマイナーな種目だが、読売新聞の地域版で写真入りで報道された経験もある。

両親とも小学校の教員で、彼女も体育の教員を目指したが、いろいろあっていまの職についている。しかし、養護教諭としては珍しい方だと思うが、G中学校ではテニス部の主顧問として指導していた。とにかく生徒たちに熱く語っている、という印象がある。G中学校を初めて訪れたのは、彼女が赴任して二年目くらいだったと思うが、保健室の壁に保健委員会の活動の様子が模造紙にまとめて貼られていて、そこに笑顔の生徒たちの写真が何枚もあったのが印象に残っている。

こんなことがあった。突然智佳が私に電話をかけてきて、「先生、来年もE高校にいますか」と聞くので、「たぶんいるよ。なんで？」と言うと、「ちょっと、心配な子どもたちがいて。先生に見てほしくて」「うん、まぁその子たちが、うかってくれれば」。

智佳が心配していた2人は、確かにE高校入学当時、心に深い闇をかかえていたように見えた。2人は無事卒業し、その電話から5年たった2014年9月、私はその2人、大地と沙織に会って智佳とのことを聞いた。

大地の記憶。

「智佳先生は、一人ひとりを、怖いというより優しく見てくれた。でも、ダメなことはダメって。友達と『授業だるいね』って保健室に行くと、話は聞いてくれるけど、『授業遅れるから早く行け』って。行きたい高校とか何にもなかった。そうしたら、E高校を薦めてくれた。『小泉先生という私の恩師がいて、いい先生だから、行くとこ決まってなかったら考えてごらん』って言われた。Eに入った後でも、『G中においで』って言ってくれたし、いまでも、『いまH中にいるからおいで』って言ってくれる」

沙織の記憶。

「中学時代、周りの友達がみんなテニス部で、友達と一緒に保健室に遊びに行ってた。いつも笑ってるイメージだけど、でも真剣なことも言う。たまに怒られた。親身になってくれた。じゃなきゃ、私は行かない！　保健室の先生なのに、保健室の先生じゃないみたいだった。ジャージ着てるイメージが強い。白衣を着て待ってる感じかな。担任の先生は優しかったけど、〝みんな平等！〟みたいな。智佳先生がＥ高校薦めてくれた時、母親に素直に言えた。普通の保健室の先生だったら、そうは思わなかったと思う。母親はＩ高校も考えていて２人でＩとＥの説明会行って、私は『Ｉやだな』と思って、『Ｅしか行かない』って言った」

私は２人に言った。

「養護の先生が具体的な高校名を出すなんて、ふつうないよ。それだけ君たちのことを心配していたんだと思う」

２人はうなずいていた。

Ｅ高校に入学してきた時、２人ともどこか捨て鉢になっている感じがした。沙織は社交性や優しさを感じさせたが、すぐに「高校やめたい」と言い出した。大地は数学と理科については超難関大学合格レベルの力をもっていたが、協調性や社交性に不安を感じさせ、喋らないし笑顔もみせなかった。（２０１４年に久しぶりに会ったときは、全くちがってニコニコしていたので嬉しかった）

ひょんなことから、中三時の大地が、Ｅ高校入学時には考えられない満面の笑みを浮かべている写真を見た。それは、智佳がコーディネートした〝いのちの授業〟で、大地が赤ちゃん人形を抱っこしている写真だった。

智佳は、正教員になってから毎年、〝いのちの授業〟の実践にとりくんでいて、その実践を養護教諭の研究団体や教職員組合の全国レベルの集会で発表していた。それを紹介したい。

地域で支える性教育——智佳の実践

智佳は正教員になったころ、「いのちの大切さ」「性について、しっかりした知識や意思をもつことの重要性」「相手を尊重してこそ、自分も輝けること」「自分の生き方に希望をもつこと」などを伝えたいと考えていたが、それはどうしたらできるだろうか、と悩んでいた。

普段から話をして、つながりができていた地域家庭支援センター（児童相談所の下部組織）に相談したら、先方も学校と連携したいと考えていたことがわかり、地域の助産師の方を紹介され、一気に企画が具体化した。これが２００６年の初任の年だというから、彼女の物おじしない行動力には恐れ入った。

生徒たちが中三の卒業間近、３月の特別時間割でおこなった〝いのちの授業〟は、毎年試行錯誤しながら進められたが、２００８年にはこんな内容になっていた。

教員の学年会、生活指導部会で提案と検討を行い、管理職も含めた全校体制で４時間使う。名称は「思春期講座」。一校時目は、各クラスで担任から講座を受けるにあたって求められる心構えや自身の思いを話してもらい、生徒たちに画用紙を配って、質問や今の考えを書かせた。講座を受ける前の正直な気持ちを書かせ、終わった後にも気持ちを書かせて、卒業アルバムに挟み、卒業後何年かたってまた読み返してもらいたい、という願いがあった。

二・三校時目は、音楽室・ホール・図書室と会場を三つに分け、音楽室では助産師と妊婦さんの講義、ホールではＤＶＤ鑑賞、図書館では体験学習をおこなった。

講義の内容は、男女の身体の違いから、性交・妊娠・出産前の話が主なもので、性器や自慰行為、男女の精神的な認識の違いにも触れてもらった。生徒たちの反応はとても真剣で、日ごろ問題傾向のある男子がよく聞いていたのが印象的だったという。

ＤＶＤは助産師さんの推薦によるもので、ある家族が助け合い、助産院で出産するまでを追った約12分のドキュメンタリーで、父親の関わり方や出産時の様子などがリアルに伝わる内容だった。

体験学習は、妊婦体験ジャケット、沐浴人形抱っこ、本物の赤ちゃん抱っこ。ジャケットは全員が順繰りに身に着け、ベッドに横になったり、落ちたペンをかがんで拾ったりした。沐浴人形で「本物の赤ちゃんの重さ」を体験した生徒たちは、そこで抱っこの仕方を教わったうえで、本物の赤ちゃんを抱っこする。この体験コーナーには、母親と赤ちゃん６組、家庭支援センターのボランティア３人が来てくれたそうだ。四校時目には、一校時に配った画用紙の仕上げ、感想文やお礼状書きをおこなった。

以上が智佳の３年目の実践だが、さきに書いた大地の満面の笑みは、４年目の沐浴人形抱っこの際の写真だった。私は、大地や沙織が受けた四年目の授業で、智佳がとったアンケートとその結果に注目した。このＧ中学校の概要や生徒たちについて、智佳はこう記している（そのアンケートについて報告した時のレポートより）。

「閑静な一軒家、マンションが建ち並ぶ高台にある。高学歴志向の親が多い。私服、ノーチャイム（公立中学校である――著者注）。子どもたちは、明るく、学習する姿勢も、比較的落ち着いている。塾通いが約７割。学校の授業より塾の勉強を優先し、受験の時期に不安定になる生徒が多い。部活動も比較的盛んで、真面目に取り組む生徒が多い。打たれ弱い。携帯小説・ブログ・プロフ等、携帯電話を介したトラブルが多発している」

と述べているが、数回訪れた私の大まかな印象とも一致する。私が一番強く感じたのは「高収入・高学歴の保護者に育てられている子どもたちが多いのではないか」ということだ。世間一般の尺度からすれば、〝幸せな子どもたち〟ということになろう。表情やあげている声なども明るい生徒たちが多く、見るからに〝恵まれた子どもたち〟。その子どもたちが、アンケートにどう答えたか。

「あなたは自分が『大切な存在』だと感じる時がありますか」という問いに対する回答は、男子がYES51％・NO33％・中間3％・無回答13％、女子がYES47％・NO19％・無回答30％。

「今のあなたにとって大切なもの（こと）とは」の問いに対する無回答が、男子28％、女子17％。

「他人に望むこと」で、目についた回答。

「他人と比べてほしくない」、「世間体を気にしないでほしい」、「子どもに尊敬されるような大人にもなれないのに、えらそうなことばっか言わないでほしい」

次に、助産師や妊婦さんの講義を聞いた感想から。

「命の重さは、はかれない、という言葉が印象に残った」（男子）

「妹のとき、（お母さんの）お手伝いをもっとしてあげればよかった」（女子）

「自分は今こうして生きていることが、幸せだと思った」（男子）
「改めていのちを大切にし、困った人を助けたいと思いました」（男子）
「命の大切さや、そんな簡単に性行為をしてはいけないことがわかった」（女子）
「講義の途中、絶対誰かが笑いそうだな、と思ったりしていましたが、意外と誰も笑わず皆が真剣に聞いていて、『皆、大人になったんだな』と思いました」（男子）
「赤ちゃん可愛かった。自分は小さな子より心が弱いことがわかった」（男子）
DVDを見たことなどの感想から。
「私は、この講義のおかげで、『いのち』に対する見方が変わったなあ、と思います。出産するときは、お母さんも子どもも命がけだし」（女子）
「私を産んで育ててくれた母に、改めて感謝したいです」（女子）

私の直感だが、この〝いのちの授業〟は、特に現代の教育に求められている質の、核心を突いているものだと思う。そのうちの一つをここで言葉にすれば、〝リアル（本物）〟ということだ。私は、いまの時代、私の日本史の授業であれ日々のホームルーム指導であれ、なにげない生徒たちとのふれあいの中であれ、生徒たちは〝リアル（本物）〟に飢えているし、そこでこそ彼らと〝つながる〟チャンスが生まれると思う。

（4）智佳から学ぶ――地域と子どもに根ざす

地域とつながる

いま紹介した実践について、智佳はこうレポートしている。

「〝いのち〟の学習は、どの子にも、豊かな優しい感情・自己肯定感を与える。安心・信頼して学校生活を送れることこそ、子どもの学力を支える。その結果、イキイキとした学校をつくる！　と信じて、職員室で教職員に熱く伝える努力をしている」

「何よりも、子どもたちの反応が、恥ずかしさやいやな雰囲気がなく、真剣に聞こうとするまっすぐな気持ちが感じられた」

「学校において、子どもの活力や学力を支える根底には〝いのちの実感と温かな感情〟の教育が必要だと感じる。学校の中だけに留めず、地域の大人が一生懸命〝いのち〟を守る取り組みをしていることを見せ、語り、支える実践をしたい、という願いを込めて生徒と向き合っている」

私としては、共感することや学ぶことの多い文章なのだが、私自身の弱点として、特に注目したのは〝地域〟という視点である。そして、現在の智佳も地域にしっかり根を下ろしている。

２０１４年５月、私の携帯に突然こんなメールが入った。

「みなさん。　お元気ですか？　私は仕事に復帰、もうヘロヘロでーす。笑

さて、少し宣伝させてください。×月△日（日）～『うまれる』映画の自主上映会のお知らせ～

子育て仲間で実行委員会をつくり、○○○での上映を実現します。ぜひ都合つけ、足をお運びください。

チケットは前売りですので下記の内容を記載の上、私までお申し込みください。また上映後、素敵な講師の先生をお呼びし、講演もございます。詳しくは、以下のポスターをご覧ください（以下略）」

このメールのなかにあった、「子育て仲間」について聞いてみた。智佳の話。

「出産した後、友人に誘われて、地域の子育てネットワークをやり始めたんです。いろいろなイベントをやっています。

『放射能から子どもを守ろう～これからのエネルギーは？～』『たのしい保育園に入りたい』『安心して食べさせたい～食の安全のプロが語る～』『ママパパバーベキュー』『パパ保育ママカフェ』『〝海外の子育て〟学習会～日英仏の子育て経験者を呼んで～』『アレルギーとワクチン』『いじめを考える』等々。

『さよなら原発パレード』に参加したり、保育料値上げ反対署名に取り組んだりしています。

あの自主上映会は、地域の別のお母さんたちの団体から要請があったんです。ブログで、『子育てネットワーク』の活動を見て、『この人たちなら一緒にやってくれる』と思って、声をかけてきたんだそうです。そこで、自主上映実行委員会を立ち上げて。私は券の売り込みなど、口コミでサポートしました」

智佳の出産体験

「自分の出産って、どんな体験だった？」

「助産師さんから事前に、『赤ちゃん自身の意思で陣痛を起こし、自身の意思で頭を回旋させる』って聞いていたんです。それが、私の場合、破水して、子どもの頭が大きかったのか回旋がうまくいかなくて、緊急帝王切開。親子の共同作業なのに、もう少し息を合わせられなかったのか、って。自分的にはショックでした。

8時間分娩台の上にいて、夫が付き添ってくれたんですけど。手術になった時、あぁ、気合や根性が通用しないことってあるんだな、と思いました。もう受け入れるしかない」

「ざっくりお腹切って、予後がよくなかったんです。お腹を切るということ自体、人間にとって不自然なことで、体力落ちるし。〝腹がたつ〟とか、感情を司る言葉がありますよね。お腹から出る気力って大きいと思いました」

「1、2ヵ月不調で、2時間ごとに授乳、オムツ取り換えで寝られない。自分が育児放棄したら、赤ちゃんは死んでしまう。両親の家にいさせてもらって、貧血で起き上がれない時、ごはんが出来上がっていることってありがたいなぁ、って。自分が育児放棄しないように親に支えてもらって。自分ひとりじゃ生きていけない、って」

「別人のように身体が弱くなって、ここまで心もとなくなるのか……半年くらい変でした。育てていけるかなぁ、でも絶対に息子は死なせられない。気丈なふりしても、どっかで泣いちゃったり。ある1人の人物とずっと一緒にいるってそれまでになかった。外にも連れ出せないし、人間関係が閉鎖的になる。

今まで、『勝手に成長してきた』つもりだったけど、親や夫に感謝です。物事の見え方が、全く変わったと思う」

智佳と私

智佳は言う。

「私、自分と同じような、運動が得意とかノリがよくてにぎやかな子がいい、と思ってて、そういう子とばかりグループをつくっていたんですね。でも、高一のときはクラスになじめなかった。それが、高二・高三と先生のクラスで。あのクラスだったから、いろんな人に光を当てるって感じで、人権感覚が育ったような気がします。

中学や高校って、外面的なことで仲間づくりをしがちなんですね。それが、あのクラスだったから、〝いろんな人がいる〟ことを認め合えて、いろんなチャンスがあったんじゃないか。○○さんとか、□□さんとか、おとなしい人も、『すごいねぇ』ってほかの人たちが言ったり。

価値観同じのほうが安心ですけど、くくりをなくして仲良くできるような感じ。〝いろんな人の意見聞いて高めよう〟って雰囲気が、いいなぁ、と思えた」

「先生の授業は、とにかく楽しかった。先生に出会えていなかったら、行事や部活は別として、B高校を肯定できただろうか、って考えちゃいます。ワクワク感があって、〝学びを深めたい〟って高校時代思えたんです。先生が、『パルスを飛ばせ』って言ってましたよね。一つのことを学んだら、『あ、これはあれとつながった！』とか。大学に入っても、知識が多方面でつながって、苦手が苦手じゃなくなったんです。『あ、ここでつながってたのかぁ！』つながると、わかる。わかると、面白い。関係ないと思ってた感情とか自分の生活とかとここでつながってたんだー!!って。

いま、〝いろんなことを学びたい〟というモチベーションの源は、やっぱりB高校での小泉先生の授業ですね、うちの父親からも感じるんですけど、先生の探求心ってすごいと思う。歴史の授業で、生徒に〝考えさせる〟レベルまでいくには、沢山の資料を読んで、一回の授業をどういう道筋で作るかって考えてらっしゃると思うんです。そこには信念も感じられた。一般論の授業は聞いていて面白くない。『この先生は、何を伝えたいんだろう?』って、そこが気になるわけです」

智佳の話を聞きながら、〝幸福な出会い〟という言葉が胸をよぎった。ずっと生徒たちとつながれなかった私。しかも、智佳たちのクラスの第一印象は最悪だった……。いつの間にか生徒たちの授業を聞く姿勢が変わって、私は自分の深いところが引き出され、ホームルームでも行事でも、いい付き合い方が、文字通り教員になって初めて経験できた。そして、智佳はいま、しっかりと、その〝人権感覚〟を日々の生徒とのふれあいや「いのちの授業」や地域の子育てネットワークなどで、彼女なりに展開していると思う。さらに、おそらく子育てでも。

またふりかえると、こんな気がする。前に、「いつのまにか変わった」と書いたが、智佳は、「小泉先生はさかんに、『僕は弱い人間なんだけど』って言ってた。だから、『ああ、あんなふうでもいいんだ、弱さがあってもいいんだ』って思った」ということを指摘することが多い（３章参照）。そういう〝人間くさい姿〟を私が生徒たちにさらけ出したことが、〝上から目線〟の教員には距離をとっていた生徒たちが「この先生の話なら聞こう」ということになったのではないか。そんな気がするのだ。

第2章

〝答えのない授業〟を経験して

田中耕太　31歳

（1）謎の受験生

不可解な出来事

それは、1999年1月のことだった。当時私が勤務していた都立C高校では、入試の面接が行われていた（智佳が卒業した後、私はB高校からC高校に異動していた）。

「小泉さ〜ん、たいへ〜ん！」面接官となっていた女性教員が職員室に駆け込んできた。顔を上げながら、私は受験生がケンカでも始めたかと思った。そんなことが起こっても不思議ではない高校である。入試当日に喫煙しているのを指導したことがある、とも聞いていた。しかし、そういうことの担当でもない私になぜご指名なのか……といぶかしく思っていると、息をはずませながら女性教員が教えてくれた。

「いま、いまね、なんでこの高校受けたのか聞いていたら、1人、『小泉先生の授業を受けたくて来ました』って！」

今度は聞いた私がのけぞる番だった。

「え？ それ、何かの聞き違いじゃないの？」「ううん、ちがう。確かに聞いた」と言う女性教員のきょとんとした顔が忘れられない。おそらく2人して、「この事実を、どう考えたらいいのか？」という問いが、頭の中で渦巻いていたのではないか。その高校では、「勉強したくて来ました」という言葉は、冗談でも出てこないものだったのである。

謎の受験生、耕太はめでたく合格した。しかし、彼から私への挨拶はなく、謎は残った。日々の多忙な仕事のなかでも、耕太のことはなんとなく気になってはいた。そして、ついに彼を直接授業で教えることになった。二年生の世界史だった。ところが……。

相変わらず挨拶はない。こちらも、あの面接のことを口に出すのは気が引けた。それより腹立たしかったのは、彼が授業中寝てばかりいたことである。「なんだこいつは⁉」と思い、面接の時のことなどもう口に出す気もしなくなった。

が、そのうち、彼が起きて授業を受けるようになったのである。笑顔が〝憎めないヤツ〟という印象だった。

そしてついに、卒業後13年たったいま、私が教員の研究会などで発表するような時に、「俺でよかったら、いつでも声をかけて下さい。仕事とかなかったら行きますから」と、彼が言ってくれるような関係になる出来事が起こったのだ。

2001年の授業

耕太が三年生の時、私は現代社会と日本史という、二つの科目を教えていた。私の本業は日本史で、現代社会は生まれて初めて教える科目だった。

その高校の生徒たちの全般的な印象。

まじめで勉強もやる気があるのはごく少数で、しかもおとなしい。ワルぶったムードが教室を支配し、欠席者が多く、入学した生徒総数の三分の一くらい卒業できない年もある。留年して学校に残った生徒たちは、まわりから「先輩！」とか呼ばれてワルの雰囲気を醸し出している者が多い。廊下に唾やガムなどを吐く者がけっこういて、私が注意したら、「なんだてめえは？」みたいな顔をされた経験もある。……まあ、そんな学校だった。放課後30分もすれば、学校は静寂に包まれる。部活動が成立しないのである。

教えるうえで気楽なのは、「受験を気にしなくてもいい」「授業について、生徒たちや保護者の方々からの期待はほとんどないのではないか」と感じられることだ。

だから、初めて教える現代社会であっても、緊張も気負いもなかった。とにかく生徒たちにとって、少しでも意味のあることをやろう、と思った。そこで、最初の授業で教科書の目次にあった33個の項目を、私の言葉に直したうえでプリントに書き出して、アンケート形式にして配り、一つ一つの項目に私なりに説明を加えた。こんな風に。「宗教……たとえば、豚肉を食べちゃいけない、なんて宗教があるの、知ってるかな？　これから国際化なんて言ってるけど、そういうの知らずに付き合ったら、トラブることあるんじゃないかな」「ごみ問題……これは僕も、『こうしたらいい』なんて簡単に言えないなあ。でも、僕の考えは言うつもりだし、よかったら君らの意見や質問も出してほしい。そうしたら、それで僕も勉強するし、そうやって1年間過ごしたら、お互いいい時間になるんじゃないかな」

〝興味がある項目〟に○をつけさせて回収し、さて○の数を数えようと思っていたら、職員室に2人の生徒がやって来て、「先生、絶対に宗教やろう」と言う。そのうちの1人は、二年生の時の授業の印象で、社会科の学力があり発言する力もあることを知っていたし、もう1人も、いかにも一家言もっているような生徒だった。そこで、最初のテーマは宗教と即決し、いきあたりばったりの現代社会がスタートした。

二回目の授業。NHKのドキュメンタリー番組『イスラム潮流』を私がビデオ録画していたものを見せ、ワークシートを記入させながら、「君にとって宗教とは?」と書かせてみた。すると、「こわい」「関係ない」という記述が大半だった。ちょうど、オウム真理教信者の犯罪などが話題になっている時期だった。しかし私はその大半の記述を見て、「これは危ないぞ」と直感的に思った。

いま現在の彼らは追いつめられていないのだろう。が、いずれ人生でピンチになった時、宗教について何も考えたことがなかったら、変な「宗教」に欺かれるのではないか……。

そこで、三回目の授業では、前の授業で見せたビデオの続きで、「罪が許される」などといった教えを聞いて、死刑囚や死を待つ病人などがイスラム教に改宗するシーンを見せ、新たなプリントを配った。そこには、前回の授業で生徒たちが書いたもののなかで、少数派だった「宗教の必要性」を記した意見9つと、多数派の意見9つをアからツの項目に分け、私の字で手書きしたものを記した。

そして、生徒たちに「この意見に賛成と思ったら○、鳥肌がたつほど賛成なら◎、反対と思ったら×、ぞっとするほど反対だったら××をつけ、最後にビデオやプリントを見て考えたことを自由に書いてくれ」と指示した。

そうしたら、最初の記述とはうってかわった内容が続々とあらわれた。一つは、「そんな『都合のいい思い込み』するな! 逃げるな!」「どんなに泣いても叫んでも『アラー』も『キリスト』も助けてくれない」(いじめられがちだった女子―著者注)といった、本音の噴出。

もう一つは、「宗教とは心のよりどころであり人生の参考書だと思う。だから政治と結び自分たちの利益を得ようとしてはいけない(三十年戦争、十字軍)と思う」といったハイレベルなもの。私自身、自分が高校生のころ同じテーマで「十字軍」は思いついても「三十年戦争」は絶対出てこないだろうと思った。

ここで耕太は、○や◎などの記号をつけるだけでなく、アからツまでの意見のいくつかに自分のコメントを余白に書いてきた。「いいな」と思った。

二回目の自由意見からピックアップして、私がテーマを分けテからヤまでの意見にして、また手書きした新しいプリントを配った。前回のプリントも返却し、その2枚のプリントのアからツも含めて、また○や◎などの記号をつけさせ、耕太から学んでコメントもつけさせてみたら、劇的な結果になった。以下のケの意見に、◎や「同感」「賛成」の意見が集中したのである。

「ケ、信じる人が信じ、信じない人は信じない。それでいいと思う。だけど、信じる人が信じない人に押しつけをしてほしくない」

四回目の授業で、そのことを生徒に伝え、「僕もとてもいい意見だと思う。これって、日本国憲法に、大切なことだとして書いてあるんだよ」と言って、黒板に「内心の自由」と書いた。その時の、教室の空気の変化が忘れられない。多くの生徒たちの表情がパーッと輝き、なかには大きくうなずいて、身体を動かしたり身を少し乗り出したりしている者もいた。二クラス同じ授業をしたが、二クラスともそうだった。声を発する者はいなかったが、その数々の表情は、私には、「うん、わかったよ、先生」「わかる、ってこ

資料②

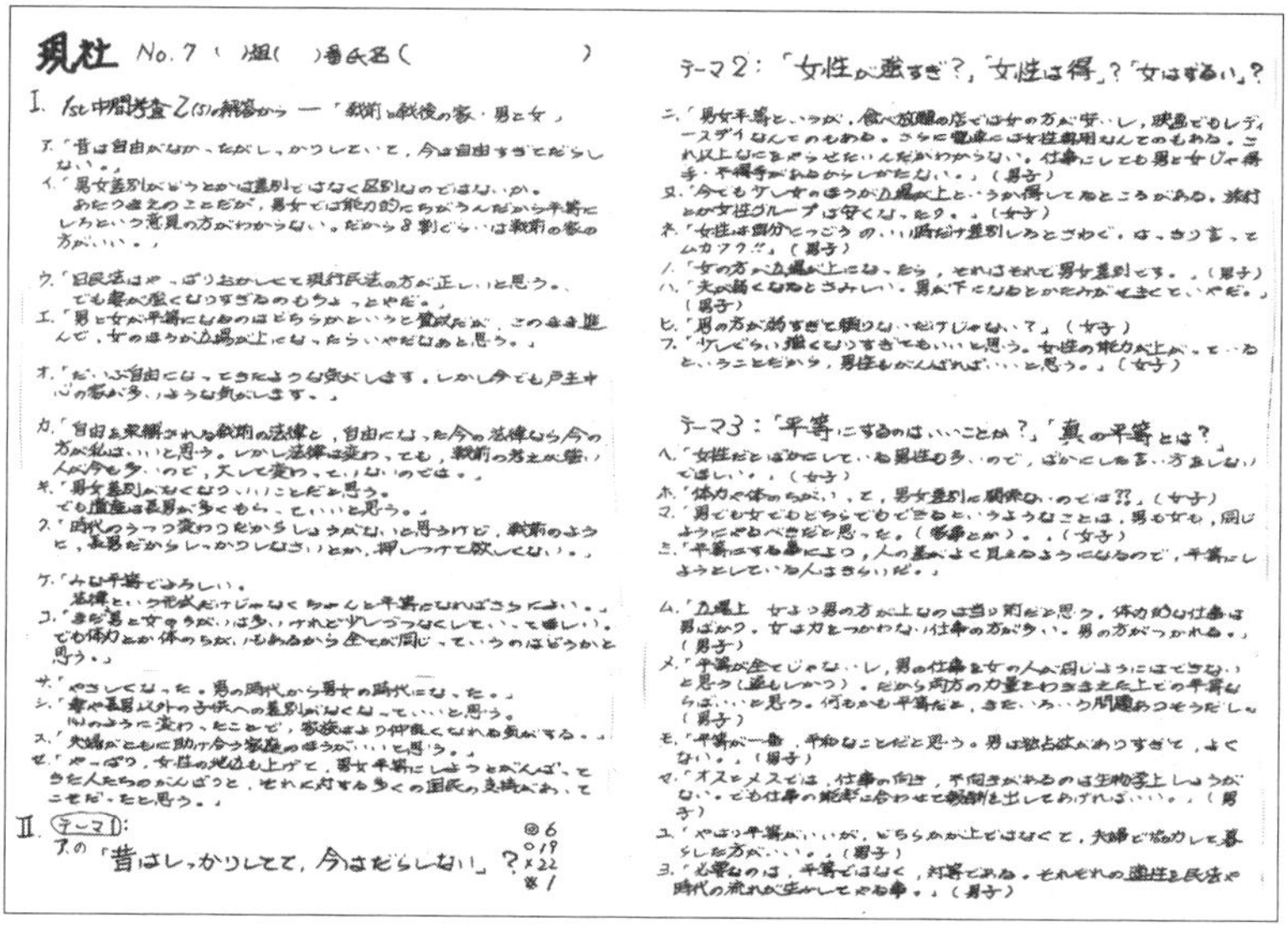
現社 No.7（　）組（　）番氏名（　　　　）

I. 1st中間考査Z(5)の解答から ―「戦前と戦後の家・男と女」

ア.「昔は自由がなかったがしっかりしていて、今は自由すぎてだらしない。」

イ.「男女差別がどうとかは差別ではなく区別なのではないか。あたりまえのことだが、男女では能力的にちがうんだから平等にしろという意見の方がわからない。だから8割ぐらいは戦前の家の方がいい。」

ウ.「旧民法はやっぱりおかしくて現行民法の方が正しいと思う。でも妻が強くなりすぎるのもちょっとやだ。」

エ.「男と女が平等になるのはどちらかというと賛成だが、このまま進んで、女のほうが立場が上になったらいやだなあと思う。」

オ.「だいぶ自由になってきたような気がします。しかし今でも戸主中心の家が多いような気がします。」

カ.「自由が束縛される戦前の法律と、自由になった今の法律なら今の方が私はいいと思う。しかし法律は変わっても、戦前の考えが強い人が今も多いので、大して変わっていないのでは。」

キ.「男女差別がなくなっていいことだと思う。でも遺産は長男が多くもらっていいと思う。」

ク.「時代のうつり変わりだからしょうがないと思うけど、戦前のように、長男だからしっかりしなさいとか、押しつけて欲しくない。」

ケ.「みな平等でよろしい。法律という形式だけじゃなくちゃんと平等になればさらによい。」

コ.「まだ男と女のちがいは多いけれど少しずつなくしていって欲しい。でも体力とか体のちがいもあるから全てが同じっていうのはどうかと思う。」

サ.「やさしくなった。男の時代から男女の時代になった。」

シ.「妻や長男以外の子供への差別がなくなっていいと思う。このように変わったことで、家族はより仲良くなれる気がする。」

ス.「夫婦がともに助け合う家族のほうがいいと思う。」

セ.「やっぱり、女性の地位も上げて、男女平等にしようとがんばってきた人たちのがんばりと、それに対する多くの国民の支持があってこそだったと思う。」

II. テーマ1：
ア.の「昔はしっかりしてて，今はだらしない」？ ◎6 ○19 ×22 ※1

テーマ2：「女性が強すぎ？」「女性は得」？「女はずるい」？

ニ.「男女平等というが、食べ放題の店では女の方が安いし、映画でもレディースデイなんてのもある。さらに電車には女性専用なんてのもある。これ以上なにをやらせたいんだかわからない。仕事にしても男と女じゃ得手・不得手があるからしかたない。」（男子）

ヌ.「今でも少し女のほうが立場が上というか得してるところがある。旅行とか女性グループは安くなったり。」（女子）

ネ.「女性は自分につごうのいい時だけ差別しろとさわぐ。はっきり言ってムカツク!!」（男子）

ノ.「女の方が立場が上になったら、それはそれで男女差別です。」（男子）

ハ.「夫が弱くなるとさみしい。男が下になるとかたみがせまくていやだ。」（男子）

ヒ.「男の方が弱すぎと頼りないだけじゃない？」（女子）

フ.「少しぐらい強くなりすぎてもいいと思う。女性の能力が上がっているということだから、男性もがんばればいいと思う。」（女子）

テーマ3：「平等にするのはいいことか？」「真の平等とは？」

ヘ.「女性だとばかにしている男性も多いので、ばかにした言い方をしないでほしい。」（女子）

ホ.「体力や体のちがいって、男女差別に関係ないのでは??」（女子）

マ.「男でも女でもどちらでもできるというようなことは、男も女も，同じようにやるべきだと思った。（家事とか）。」（女子）

ミ.「平等にする事により、人の差がよく見えるようになるので、平等にしようとしている人はきらいだ。」

ム.「立場上 女より男の方が上なのは当り前だと思う。体力的な仕事は男ばかり。女は力をつかわない仕事の方が多い。男の方がつかれる。」（男子）

メ.「平等が全てじゃないし、男の仕事を女の人が同じようにはできないと思う（逆もしかり）。だから両方の力量をわきまえた上での平等ならばいいと思う。何もかも平等だと、またいろいろ問題おこりそうだし。」（男子）

モ.「平等が一番、平和なことだと思う。男は独占欲がありすぎて、よくない。」（男子）

ヤ.「オスとメスでは、仕事の向き、不向きがあるのは生物学上しょうがない。でも仕事の能率に合わせて給料を出してあげればいい。」（男子）

ユ.「やはり平等がいいが、どちらかが上ではなくて、夫婦で協力して暮らした方がいい。」（男子）

ヨ.「必要なのは、平等ではなく，対等である。それぞれの適性を民法や時代の流れが生かしてやる事。」（男子）

ういうことなんだね。俺、すごく嬉しいよ」という声に聞こえた。彼らの多くは、おそらく中学校では、できの悪い生徒として、無視されたり軽視されたりしてきただろう。その彼らが、「わかった‼」と明るい表情をして、興奮しているのだ。

私にとっても、授業観がコペルニクス的に転換した瞬間だった。それまで、必死に教材を準備し、〝いい授業〟をやろうと悪戦苦闘して、日々の生徒たちの反応に一喜一憂していたのが、すべて〝一人相撲〟だったと気づいた。自分の求めていた授業は、これだったんだ……。

私はこの体験に力を得て、次の授業の項目に「家族・家庭」というテーマを選んだ。生徒たちにとって、とても大切ではあるが、しかし、なかには深刻な問題を抱えている者もいる〝危険な〟テーマを、私はわざと選んだ。私は山田太一氏という脚本家が好きなのだが（『岸辺のアルバム』『ふぞろいの林檎たち』などの傑作で有名）、彼は、ふつう見て見ぬふりをしたり気づかなかったりする〝痛い現実〟をえぐる。私も、そういう〝危険な〟テーマにギリギリ接近しなければ、授業も、意味のうすい〝キレイゴト〟に終わってしまいがちだと感じているから、細心の注意を払ってとりくんだ。

生徒たちに授業で講義したり、自由意見を書かせたりしているうちに、〝男女平等〟のテーマや、「昔は自由がなかったがしっかりしていて、今は自由すぎてだらしない」といった意見に対して、生徒たちの紙上討論が盛り上がってきた（資料②）。そこで、私は、資料②を配り、それを使ってフリートーキングを試みた。教室の中央に私が座り、その周りを生徒たちが囲むように机や椅子を動かし、活発な意見交換が行われたが、その討論をリードしてくれたのが、耕太だった（以上の現代社会の授業実践の詳細は、２００５年発行の『授業づくりで変える高校の教室１　社会』（明石書店）に載せていただいた）。

私は、こうした授業に大きな手応えを感じ、やっている２００１年度の最中に、１章の智佳と同じように組合の支部教研で発表した。発表の前に、「その場に来ないか」と耕太に声をかけたら、快諾して来てくれた。授業そのものに対する評価とは別に、「こういう場に生徒が来るということが信じられない」と出席者に言われたことが、強く印象に残っている。

（2）耕太が卒業して12年後、謎が解けた

母親の記憶

２０１４年、私は、久々に自分の授業のことを教員の研究会で発表したい気分になった。２００1年の支部教育研究集会の後も私はあちこちで発表していたが、そういう時、かつて自分の授業を受けた卒業生によく付き合ってもらった。私のレポートの後、卒業生自身の言葉で（美化する面はあるにせよ）「小泉先生の授業は……でした。」と語ってもらうことが、私の報告をよりふくらませてくれたり、〝生徒は、どう受け止めたのか〟という視点での考察につながるように思えるからだ。逆の立場で、私が教員のレポートを聞くだけだったら、したり顔の報告を聞かされても、つい「ホントかよ」と思ってしまうのだ。

しばらくぶりに耕太に付き合ってもらおうかな、と思った。耕太の携帯の番号にかけてみる。出ない。彼とはずいぶん会っていなかった。番号が変わってしまったかもしれない。そこで、実家に電話してみるとお母さんが出られた。初めてお話しする。

「あの～、高校時代に耕太君を教えていました、小泉と申す者ですが……」

「あ、小泉先生ですね！　覚えてますよー！　息子から聞いてます」

「え？　でも、もう十何年も前ですよぉ」

「小泉先生のことは、忘れられません。先生に大人の人たちがいる所に連れて行っていただいて、あの子も私たちもどんなに感謝しているか……」

支部教研のことか、と気づいた。それにしても、あのことが、どうして十数年たった今でもお母さんの記憶にあるんだろう？　と思って、お話しする機会を作っていただいた。予想通り、柔和な微笑みを絶やさない素敵なお母さんだった。

「あの子、勉強っていうより体育会系でしょ。試験とか学校からのプリントとか見せたことがなかった。そんな学校のこと言わない子が、『オカン、俺さぁ……』って話しかけてきたんです。あれ？　何があったんだろう？　変な心配事言ってくるか、って思いました。でも、ちょっと様子が変なんです。ニタッと笑って、『いや実は、小泉先生っていう先生がいて、クラスで選ばれて、偉い人たちが集まっているところに連れて行ってもらったんだ……』こんこんと話すのにびっくりしました。ああ、すごく喜んでいるんだ、へぇー、と私も嬉しくなりました。『俺は先生に認められて、嬉しかった』という気持ちが伝わってくるんです。父親が帰って来てその話をしたら、『うっそー!?　間違いなんじゃないか』と言ってましたよ」

耕太のおいたち

母親によると、一人っ子で泣き虫だった彼について、「このままでは……」と思ったそうだ。そこで小学校一年生の時、泣いて嫌がる彼を地域の野球チームに連れて行った。

「お兄ちゃんたちによくしてもらって野球にはまりました。上級生になると弟分たちに自分の使ったものをきれいにして、あげたり……途中で身長がガーッと伸びて、華々しい時代があったんです」

耕太少年は中学校に入ったら四番打者で投手。野球の特待生として、私立高校に進学することになっていた。ちなみに、その時のチームメートのなかには、高校進学後に甲子園に出場した人もいたそうだ。ところが中三の時に肩をこわし、肩をかばっていたら肘をこわした。後輩に迷惑がかかると考え、進学が決まっていた私立高校を断念した。母親が語る。

「その後、中学の先生から『ここしか入れない』と紹介された私立高校の面接に行ったんです。そうしたら、面接官の質問に子どもが答えないで親が答えちゃう。そんなお子さんばっかりで。それを見た本人が、『こんなヤツらと友達になれない。こんなとこ来たくない』って言うんです。そこからですよ、勉強始めたのは」

塾にも通い始めた。その塾というのが、1人の先生が小学生から高校生まで教えているものだったが、偶然にも、その先生は私と高校が同期の知人だった。実は、あの高校受験の面接での発言は、「あそこには小泉っていい先生がいる。だからそう言っとけ」という彼からの入れ知恵だったらしい。母親の話。

「あの先生にも感謝しています。高校に入学した後でも、『わかんないことがあったら、いつでもおいで』と、よく電話がかかってきました。その先生と小泉先生に出会えたことで、野球のコーチや近所の大人以外で、初めて好きな大人ができたんです」

野球での進学を断念したことについて、耕太に聞いた。

「よくグレなかったね」。そうしたら、耕太の答え。

「そのころ辰吉丈一郎さんを見て、プロボクサーになりたいって思ったんです。高校時代は朝、家から1時間かけて週3回くらいボクシングジムに通って練習して、シャワー浴びて、40分くらいかけて学校に行って授業を受けて、また放課後ジムに行ってました。もう、高校は寝に行ってる感じで。起きたら四時間目だったり」

「ああ、それで俺の授業も最初寝てたんだー。なんで途中から起きて、聞き出したの？」

「体育祭の全員リレーってあったじゃないですか。うちの学校、休むヤツ多くて、別の生徒が休んだ生徒の分よけいに走ったりして。そうしたら、言っちゃ悪いですけど、あの小さい体であずき色のジャージの先生が、一生懸命走ってるのを見て。

あれ、鮮明に覚えてますよ。今でも絵に描けます。『かっこいい』と思いました。『何事も楽しもうとしてる』って感じたんです。暗い学校だったじゃないですか。楽しもうとしてる先生なんていないように思ってたんです。そんななかで、『いい人だなあ』って思いました。熱を持ってた。『ああ、この先生の授業受けなきゃな、自分のために』と思いました。変かもしれませんけど、先生のためにも起きてなきゃな、って考えたんです。

それで一回聞いたら、面白い。授業っぽくない。とにかく話し合おう、ってスタンスで。『君だったらどう思う？』って、今までとちがう、受け身じゃなくて参加型の授業でした。『発言したいな』と思ったんです」

（3）現在の耕太

耕太の蹉跌

高校時代と変わらず、優しい男である。周囲に気をつかう面は、ほんとうに〝いまふうの好青年〟だ。いま、関東地方を中心に店舗を展開している中堅スーパーマーケットに勤めている。

高校時代の彼は、アマチュアボクサーとしてリングに立っていた。卒業後は、プロボクサーになろうか、大学に進もうか迷っていた。が、親に「大学には行っておいた方がいい」と言われ、「バイトしながらボクシングを続けて、芽が出たら」と思い、大学でもボクシングを続けていたが、やはり厳しかった。そこで音楽系のサークルに入って、変身！　母親によれば、「それまで体育会系だったのに、急にブカブカのTシャツ、ダラダラのズボン、髪も坊主にしたり……。ずっと捨て犬を飼ってて大事にしてたから、不良にはならないと思ってましたけど」。

大学三年生での就活。高校時代のバイト体験から、「洋服好きだし接客かな」とか思っていたら、ある小売業者で〝音楽と服の融合〟っていうのを見て、「これは僕のためにある会社じゃないか、くらいに思って入社したんです」。

社長さんからもあたたかい手紙をもらい、「この会社しかない」という直感で決めたのだが……。耕太の話。

「リサーチ不足でした。福利厚生なんて知らなかったし。やりがいはあったけど、3年目に副店長という形の残業代無しになって。年々ボーナスは下がるし。

レディースが大成功して右肩上がりになって、一等地に店を出したんですけど、僕のやりたいメンズからは撤退。カフェをオープンしたり、自分のやりたいことから離れていく、って感じで、働く意欲がなくなってきたんです。拘束時間は長くて、給料は安い。将来が見えないんです」

そこで、彼は転職を考え始めた。

いま、いろいろな理由で離職する若者が多いと聞くが、多くの場合、無理からぬ面があると思う。〝使い捨て〟と思っているのではないかと感じられるような、ひどい働かせ方の場合もあるようだ。

耕太は中途採用の会社の説明会に行き、面接を受けて、現在働いている会社に採用された。２００９年3月のことである。実は、世間的な尺度で言うと、耕太が通っていた高校や大学からその会社に入るというのは信じがたい感じがする。そのことを率直に彼に話すと、「明らかに向いてない人も来てました。だから、こういう人は採用されないだろうな、って思いました」と、自信にあふれた返事がかえってきた。

「僕は大学一年の時、草野球サークルをつくってリーダーをやってました。最初の会社では七割くらいが女性社員だったんで、〝おばちゃんたちと仲良くやっていく〟っていうのは自信あったんです」

しかし、入社して配属された魚売り場での労働は、彼の想像をはるかに超えたものだった。

「あの1年間は、人生で一番働いたって感じでした。修行みたいでした。僕がアパレルの業界から来たことが知られていて、『なめてんじゃねーぞ！』というのをひしひしと感じました。アパレルの世界って、匂いとか清潔とか気をつかうんですけど、真逆って感じで。

スーパーは食品がメインなんで衣料品は少ないですが、でも何となくそういうところに配属されるのかなって漠然と思ってたんで、『まさか』って。釣りもしたことなかったし、料理は好きなんですけど、魚をもったこともすらなかったんです。

朝早いのは苦になりませんでした。6時過ぎに家を出て、7時8時に入るのは当たり前で。魚のアラやワタなど使わない部分をカラの桶に入れておいて、回収業者さんが取りに来た後の桶を洗うのが新入りの仕事で。一晩漬けてあったものだから、鼻がもげるような臭いがするんです。普通の洗剤じゃダメで、薄めないと指紋が溶けるようなので洗うんです。研修ではゴム手袋つけてやったんで手袋してたら、『魚屋はゴム手袋するんじゃねー‼』と怒鳴られました。〝温室育ち〟って思われた感じで。

くやしくて泣いたこともありました。駅のベンチに座って『もう電車に乗りたくない』という時もありました。『あとがない。いま付き合っている彼女と結婚したい。でも、臭いが耐えられないし、魚を切ってばかりいて、接客はないし……』すべてが辛かった。

それが、半年くらいたったら楽しくなってきたんです。大嫌いな臭いは、マヒしてきた。夏休み1週間くらいとると、また臭いがわかるようになるんですけど。周りも、『こいつ、けっこうガッツあるな』と思ってくれたみたいで。

すごい目をつけられていた先輩がいて、魚をならべるのが汚いと、『使えねーから売り場行ってろ』って言われて蹴られたりしてたんですけど、飲みに誘ってくれたりするようになって。カツオ一匹おろせるようになって、さあ次はマグロだと思っていたら食品に異動になって、『仕事変わるの嫌だなあ』って思いました」

そして、耕太は言う。

「その辛いところでやめちゃう人が、いますごく多い。3年で3割とか4割とか。その気持ちもわかる。でも、僕みたいに、『やめなくてよかった』という人もいる。昔やめたいと言ってた人が、いまリーダーやってたり、そんな人もいる。

僕の経験では、前の会社と比べたら、人事制度がしっかりしていて、昇給もできるし、頑張ればちゃんと認めてくれる、っていう感じするんですけどね」

労働組合の存在

労働組合のある会社に初めて入って、福利厚生にビックリしたと言う。「たとえば、どんなこと？」と聞いてみた。

「ニューヨーク視察ツアーというのが、労使共催であったんです。自己負担は7万円で、残りは労使で負担してくれて、5泊7日だったかな。

僕はもともとニューヨークには憧れがあって、はじめに勤めた会社もニューヨークテイストの服が多かったので好きだったくらいなんです。マネージャーに相談したら、『今いるところは大きな店舗で人数も多いし、まだ入社して間もないから行って来いよ』って言ってくれました。前の会社にはない新鮮な感じでした。流通関係の現場の視察や講義があって、ニューヨークに7万円で行けるなんて。その時の団長が、『まず仕事をしっかり頑張れよ』って言ってくれたのも嬉しかったです。

けっきょく魚屋の仕事の後、1年半加工食品の売り場をやったんですけど、自分がディスプレイが得意なのは、アパレルやってた経験が生きたのかなと思います」

彼は、〝いま〟という時代と、その中での自分について、こう語る。

「僕らの世代は、バブルはじけて、子どものころからいいニュース聞かなくて。欲もないし、結婚してから苦しむ人もけっこういる。

僕は前の職場だったら、社長のワンマン経営で全然先を見通せなかった。社長の一存でボーナスが前の年の三分の一になったり。子育ての自信がなかったし、結婚なんて考えられなかった。

それが、今の会社に入って計算できるようになった。入社した年の末に結婚して、子育てにお金はかかるし生活自体厳しいけど、国や市の制度も意外とあるし、子ども2人目からは保育園半額になるし、『思ったより悪くない』って感じてます」

耕太が語る〝いま〟

〝いま〟という時代で何が問題だと思うか、もう少し突っ込んで聞いてみた。

「自分の周りのヤツらと話していてよく出てくるのは、将来や賃金の不安、長時間労働や休みがとれない、なんてことですね。どこの会社でも、こういった問題抱えてるみたいです。

政治についての僕の意見？　うーん、日本がこのまま平和でいられるか、ってことかな。

いま働いていて感じるのは、利益が出ないと人を減らす、競争し合ってコストを削減しよう、ということで、ブラック企業みたいになっちゃうところが出てくるのは、あんまりいい回り方してないな、って思います。たとえば、僕の働いているスーパーでも以前は店舗に社員も多く、美味しそうに見える魚の切り方を教えてくれる先輩とか職人のような人が多くいる感じでした。10時開店17時閉店、夜6時から飲みに行ったり。ボーナスも今の倍なんていう時代もあったとか聞きます。いまは社員が少なくてパートの人が多くなっています。

それから、いまの子が弱いのか、会社の風土が問題なのか、よくわかりませんけど、ここ2、3年メンタルヘルスの問題が急増しています」

耕太の話を聞いていて、ミヒャエル＝エンデの小説『モモ』が思い浮かんだ。そして、私が仕事中感じた、こんな問題意識も。それは、最近の公立高校の現場では、〝ムダを省く〟〝保護者負担の軽減〟ということか、例えば卒業アルバムの業者選定など競争入札で行われ、〝最も安いところ〟に決まりがちだ、ということだ。そうすると、どうなるか。〝とにかく大量に安く〟作ることができる業者の勝ち、となる。その業者だって、コスト削減が至上命題だから、腕の良い職人よりも低賃金で雇えるカメラマン（アルバイト?）が、実際の製作にあたることになっていくようだ。こんな状態は、ひいては、この国の経済や文化の質などの〝縮小再生産〟につながっていくのではないだろうか。それをのりこえる論理や社会は、どうしたら築けるのだろうか。「人間をもっと大事にする社会がいいね」と、耕太と語り合った。

おそらく1人だけの抵抗では、〝流れに乗れないヤツ〟と見られるのが、オチだろう。この2014年、あるファストフード店の『夜間一人バイト』に対して、ネットで「バイトを断ろう」という動きが広まって、そのチェーン店の夜間一人体制が廃止に追い込まれたことがニュースになった。そういう〝生身の人間の限界を超えたコスト削減主義〟には、〝総反抗〟が有効な手段かもしれない。

消費者の立場からも、ネット告発とか〝高くてもこっちを選ぶ〟といった賢さや、情報に惑わされない〝真実を見抜く目〟も必要だろう。あんなに、「原発がなければやっていけない」とPRされていたのに、いま（2015年4月現在）、稼働原発ゼロでも計画停電もない事態が続いているのだから。

（4）耕太と私のつながりから

母親の言葉に学ぶ

「はじめに」で書いた、「現代の〝生きづらさ〟にどう向き合い、これからどんな夢や人間関係をつむいでいったらいいか」について、ここで、耕太と私のつながりを例にとって考えてみたい。

耕太は、いい意味で素直な、そして、自ら考え、転職などに見られるように自力で道を切り開いていける青年に成長していると思う。2人のお子さんとパートナーを大切にし、両親の家の近くに住み、変にもたれ合わずに、しかし愛情あふれるまなざしを両親に注いでいるように感じられる。高校教員40年の直感だが、こういう育ち方をしているのは、親御さんの育て方の〝どこか〟が、いいのである。彼のお母さんとお会いして、何かがわかった気がした。母親の言葉。

「楽しいから、人を殺さないんですよ。いま、すさんだことや、税金を払うのがバカらしくなるようなことがいっぱいあって、怒ったり、いらだったりしている人が多い。でも、その中で、辛くても自分の中で処理できる力があの子にはある。それをいろんな人に教わった。その力がないと、誰かを恨んだり憎んだり、悪いことしちゃったりする」

「あの子は、他人をいじめられる人ではない。誰とでも仲良くできる能力がある。そして、優しい。その彼の多感な時代に、小泉先生と巡り合ったことが、自信につながったんじゃないかな？　いろんなことを、身体と心で覚えられて。

いまの会社に中途枠で入って、魚屋で鍛えられて、社会は厳しいと教えられた。あのころ嫁のおなかの中には子どもがいたし、嫁の両親も私たち夫婦も、鬱になったら困るって心配したけど、彼は頑張った。そのきつい指導をしてくれた人が、今では飲みに誘ってくれる。

親が一生懸命育てるのは、小さい子どものうちだけ。物心ついたら、親がきつく言っても、『うるせえ！』と言うだけ。地域や先生たちやいろんな大人たちが育ててくれた。悲しみ、辛さ、嬉しさ……を味わわせてくれたのは、周りの人たち。だから、いい人たちに巡り合えたことを、みんなに感謝です」

「他人に迷惑をかけなければ、勉強はしなくてもって思ってました。もともと持っている性格は優しいし、上の子たちからは可愛がられるし、一人っ子のせいか下の子は可愛がるし。おかしくはならない自信はあったんです。中学のころ、いっとき尾崎豊にハマりまくって、部屋に閉じこもって、『自殺するか？』と思った時期もありましたけど、何か抱えていたものが処理できたんでしょうね。暗かったのはその時だけです」

耕太と私が生きている時代

私は授業や行事などを通じて、一人ひとりの生徒が、出番があり、認められる、そういうことを目指してきた。いつもうまくいくわけではないが、たまたま耕太の時にはわりとそんな授業ができた気がするし、耕太を組合の場に連れて行ったことが、母親も本人も言う通り、彼の自信や生きる力につながったのだろう。そしていま、彼といい関係を結べていることも嬉しく思う。

１人の人間が自立して生きていくという時、〝自己肯定感〟がカギだと思う。自信といっても、いいかもしれない。

ところが、〝いまどき〟の子どもたちを見ていて感じるのは、「いい高校に行っている」というようなことしか自信の根拠がない、といったことだ。もちろん、彼らの責任ではない。社会全体の風潮に責任を帰すべきことだろう。私が子どものころを思い出してみると、友人たちと評価し合う時、もっと多彩な価値基準があったような気がする。走るのが速いとか、ケンカが強いとか、みんなが困った時頼りになるとか、いろんなことで認め合ったと思う。ところが、いつのころからか、高校で陸上部の顧問をやっていて感じるようになったのは、「頭がいいと言われる学校の子の方が速い」ということだ。「頭がいい」と言われる子は、のびのびと自己実現を図りやすく、「その他大勢」は、抜き難い劣等感を抱え、どこかに自分より下のヤツはいないか探している……そんな心象風景に出会うことばかりだ。

映画化され話題になった、朝井リョウ氏の傑作『桐島、部活やめるってよ』（２０１０年、集英社）のなかに、こんな一節があった。

「高校って、生徒がランク付けされる。なぜか、それは全員の意見が一致する。英語とか国語ではわけわかんない答えを連発するヤツも、ランク付けだけは間違わない」

うーん、言えている気がする。ランク付けを間違えるような子は、とんでもないKY（空気が読めないヤツ）で、周りに疎まれるか、ヘタすると「いじめ」の対象になりそうだ。

いまの高校生は異常なほど周囲に気をつかう子が多いが、前節で触れたような「社会」のなかで常に他人との比較に気を取られるばかりで、〝自立した、ほんとうの自信が持てない〟状況に置かれている。また、成績についての他人との比較などが自信の根拠だとしたら、他人はみな競争相手で〝敵〟である。そんな風に〝分断〟されている子どもたち。そんななか彼らは、根源的な不安を無意識にも感じ、自信がなく、「はじめに」で書いたように、暗い表情をしている者が多いのではないだろうか。

2014年、私の勤務校でこんな光景が気になった。休み時間の教室などから、「ハッピー・バースデー・トゥー・ユー、ハッピー・バースデー・トゥー・ユー‼」という生徒たちの甲高い声がよく聞こえてくることだ。その現象じたいは、何年か前からあったような気がする。初めはほほえましく感じていたが、所を替えて頻繁におこなわれるのを見聞きしているうちに、いつしか名状しがたい違和感を覚えるようになった。63歳の私が高校生くらいの時にも似たようなことをした体験がある。しかし、それと明らかに雰囲気が違うのだ。まず、声がでかい。しかも、調子っぱずれの明るさとともに、どこかから毎日のように聞こえてくる。〝テレビのバラエティ番組的な明るさ〟とでもいおうか。〝こんなことくらいしか楽しいことはない。楽しまにゃソンソン〟というノリ。そして、〝仲間なら、乗ってこなきゃ〟という強制力（？）の気配も漂っている。他校の人に話したら、「うちも」「うちも」という答えがかえってきた。

甲子園の高校野球でも、数年前から気になる応援がある。味方が得点した時など、かなりの人数の若者が仲間のたった一人の頭を紙製のメガホンなどで叩くのだ。おそらく叩かれる対象はだいたい決まっているのではないか。さきの「ハッピー・バースデー・トゥー・ユー」といい、私には、ふだん異常に周囲に気をつかう子どもたちの、ちょっと病的な「つかの間の発散」に感じられる。気をつかい、ポーズをとり、心から安心した本音を出せずに疲れ、娯楽はスマホでのバーチャルなゲーム。誰かとつながりたいからＬＩＮＥやメールを送ったりするが、ＬＩＮＥからはじかれたりメールの返事がかえってこなかったりすることへの不安を感じ、〝ひよわな感覚〟が肥大していく。

……と、ここまで書いてきて、「なんだ、大人の世界も同じじゃないか」と気づいた。

私も含めた多くの人が、将来に不安を感じている。その一方での東京オリンピックの招致さわぎは、どうだろう。自分たちの日常生活でのほのぼのとした確かな幸福感でなく、イベントへの共同幻想の盛り上がり。そのころ原発はどうなっているだろう？　この国の抱える膨大な借金は？　大量発行されつづけている国債の価値は暴落しないのか？　……といった不安に蓋をして、つかの間のお祭りさわぎ。

こんな状態から抜け出して、周囲の人間関係をはじめとする社会のなかで、しっかりと周りを見つめながら自分を保持し、さらに高めていこうとするには、どうしたらいいだろうか。耕太のお母さんは、大切なことをわかっていらっしゃると思った。「とにかく勉強ができて、いい学校に行って……」とかを考えるよりも、その子どものいいところを信じて、周りに感謝を忘れない（1章の智佳も周りへの感謝を口にしていた）。私が大切だと思うことで言えば、出番を通じて自己肯定感をもつことや他人同士で支え合う、その中で自分や他人の価値を認め合う、〝みんなちがって、みんないい〟という感覚だ。他人との比較でなく身につけた自信は、本物だと思う。

耕太は、自信をもっていた野球では挫折を味わった。そして、とてもエリート校とはいえない高校に進学した。でもそこで、学ぶ喜びを知り、クラスメートを再認識し、自信をつけていった。私が彼を最初に連れだした支部教研の報告プリントに書かれた耕太の言葉から。

「高校生になって初めて、〝答えのない授業〟を受けた。中学まではノート書いて、テスト受けて、ましてや話し合いなどなくて、授業を聞いて考えることはあっても、〝自分だけの答え〟だった。でも、小泉先生の授業では、他の人の考えを聞いて、『あ、この意見いいな』と〝答えをつくっていく〟。

男女問題のフリートーキングは興味深かった。女性専用車輌の話題が出て、『あれは女性だけが得してる』っていう意見もあったけど、男性が問題を起こすからああいう事態になったわけでしょう。差別ではないと思った。『都合のいい時だけ〝女だから〟と言ってしまうかも』という女子の意見もあった。みんなの意見を聞いていると、『すごくいい事言ってる』と思うときがある。先生が言うんじゃなくて同じ世代が言うと、ショックを受ける。授業の後、話し合いになって、意見をぶつけあうこともある。

〝昔と今〟というテーマでは、『今は昔に比べてだらけてる』という意見が多くあったけど、自分たちに欠けているのは〝判断力〟ではないか。〝今はこうすべき、またはこうすべきではない〟が判断できずに、その時の気持ちでやってしまうことが多い。周りにも流される。〝カッコよさ〟の認識もズレてきていると思う。

宗教にしろ、家族・男女問題にしろ、これまで〝分からないけれど誰も教えてくれない〟ものだった。今は知りたいことがいっぱいある」

生徒たちの意見を載せた手書きプリントを配った時の反応が忘れられない。待ちきれない様子で配られるや否や食い入るように見る生徒たち。「あ、俺のが載ってた！　ねぇ、これ、俺の」と周りの生徒に言ったり、「なんだこいつ、気が知れねー！」とつぶやいたり。もともとは記名提出させているが、それを私が手書きしているから誰が書いたものかわからず、生徒たちは批判も遠慮なくできるのである。

１人、初めは授業に関係のないマンガばかり描いている生徒がいた。潤くんとしよう。彼は自由意見でものすごくまっとうな内容を書いてきた。たとえば、戦前と戦後の民法の違いを私が授業で教えた時など、潤はこんな風に書いた。

「やっぱり、女性の地位も上げて、男女平等にしようとがんばってきた人たちのがんばりと、それに対する国民の支持があってこそだったと思う」

耕太は言う。

「吉村いたじゃないですか（吉村君は、ワルぶった雰囲気を漂わせながらユーモアもある、やんちゃっぽい人気者）。吉村が潤に普通にからんでいたんですよ。先生の授業がなかったら、絶対そんなことにはならなかったと思います」

耕太のその言葉は当たっている気がする。ここからは私の想像だが、以前のワルぶったムードが日常の教室を支配しているなかでは、あまりにもマトモな意見の持ち主である潤は〝浮いて〟いて、授業中マンガばかり描いていたのではないか。ところが、私の授業で子どもたちが紙上討論で本音を出し合い、耕太が言っているように、授業が終わった後も「この意見いいね」なんて言い合ったりして、潤が「それ書いたの俺」とか言って、「え？　すごいじゃん」などと言われて……。そんなささやかな、しかし潤にとってはクラス内の人間関係が激変するドラマがあったのではないか。耕太の言葉で思い出したが、確かに、ある時期から潤は表情が明るくなり、いろんなクラスメートと談笑する姿が目立つようになった。

おそらく耕太も、クラスメートたちとのやり取りの中で、〝偏差値がいくつ〟といったことではない自信を得たのではないか。そして社会に出てからも、挫折を体験しながら苦労を乗り越え、周りに認められて得た自信が、いまの彼を支えているのではないか。

こんなことも大事なことのように思える。２０１４年に耕太に付き合ってもらった研究会で、彼にこんな質問が出た。「小泉先生の授業が、どんなことに役立っていますか」それに対する彼の答え。

「相手と交渉したりするときや、人を巻き込むときに、役に立っています」

本書の原案を耕太に読んでもらったら、彼はこんなことを言った。

「小泉先生の授業のような参加型って、授業に出ている意義が感じられるんですよね。そして、自分の長所が見つけられた。僕だったら、あ、自分は話すことが得意なんだなあ、って思った。

生徒たちの欠点を言うんじゃなくて、一人ひとりの長所を認めて伸ばしてあげられたら、充実感があって、いじめとか減っていくんじゃないですか」

また、こんな言葉も印象的だった。

「先生と今年こんな形でお話しするまで、過去をさかのぼることをしてこなかったんです。会社に入ってからのことも思い出すことはなかった。先生と話すようになって、『あ、あの時危なかったんだなあ』って思いました。原稿読ませてもらって、『崖っぷちだったんだなあ』って。母親の部分なんか読んで、すごく怖いと思いました。この先どうなるかわかりませんけど。

あの、体育祭の時の先生見なかったら、大学行ってなかったんじゃないかなあ。そうしたら、今どうなっているか……」

私は言った。

「そうだね。親の育て方、周りの環境とか、いろいろあると思うけど、でも後から考えると、誰にも何回かチャンスはあると思うんだよね。その、自分にとっての大切な機会をモノにできるかどうか、っていうのも、その人の実力のうちだと思うよ」

……と、ここまで偉そうに書いてきたが、耕太のお母さんと話していた時、自分のたくさんある至らなさの一つにも気づかされた。

「面接で私の名前を出したのに入学して挨拶に来ないから、『あれ？』と思ったんですよ」

「先生、それちゃんとあの子に言ってくれなくちゃ」

本当にそうだ。〝世間というもの〟を教える機会があったのに。俺はホント、甘いなあ（冷や汗）……。

第3章

私の授業を見学にきた大学院生

山下愛　27歳

（1）国連「子どもの権利委員会」で愛たちが報告したこと

突然の巡り合い

旧知の大学の先生から電話があった。

「小泉先生の授業を見させてほしい大学院生がいるんですけど」

二つ返事で了承して、その場にいた本人とも電話で話した。２０１４年4月のことである。

彼女の関心は、私なりの理解ではこんなところにあった。

「人間は本来自由で創造的な存在なのに、いまの労働はそうなってはいないのではないか。なにか自分で考えて、新しいものを生み出すのでなく、与えられたものをこなすことに汲々としている。学校の教育もそうだ。私は、こうした現実を変えていきたいが、その際に、教育がとても重要なのではないか。世界から操られるのではなく、自ら世界を変えていける一員になるには、どうしたらよいか」

現代という時代の本質を衝いたテーマだと思った。私の実践が彼女の研究に資することができればいいし、そういう問題意識をもった彼女の目に、私がやっていることがどう映るのかと考えると楽しみだった。

他県に住んでいる彼女は6月から上京し、こちらで生活している兄弟の部屋に泊まって、約2週間、私の授業を中心に見学し、語らった。せっかくだから、その間に私はいろいろな機会を設定した。1章で書いた智佳たちと私がやっている学習会への参加、4章に登場するD高校の卒業生たちに集まってもらってのお喋り、私立高校の授業の見学などである。以下、順次それらに触れていくが、その前に断っておかなくてはならないことがある。

それは、愛は私の教え子ではないのに、なぜこの本に載せるのかということだ。

ひとつは、私がよく自分の実践発表などに教え子たちを連れて行くように、私がこの本で書いていることについて、外部の観察者として登場してもらおうというねらいがある。

そしてもうひとつ、これは偶然わかったことなのだが、愛は、私がこの本で書きたい〝いま求められる人間同士の関係〟のいわば対極の関係に苦しむ子どもたちの代表として、2010年に国連子どもの権利委員会で報告したメンバーの1人だった。その内容は、ぜひこの本に載せさせていただきたい（もちろん彼女の了解をとって）と思うことだったからなのだ。

愛たちが国連で発表したこと

愛の上京終了後、この本を書くにあたって、「2010年子ども報告書」（国連提出）と、国連の委員たちの前でおこなったプレゼンテーションの原稿を送ってもらった。その内容は、衝撃的であると同時に、〝現在、いつもどこかで起こっていること〟のように、私には感じられた。そこで、愛に「このことで、もっと話を聞きたいんだけど。今度は私がそちらに行くから」とメールした。はじめ愛からは私が提案した複数の日程案についてメールが来たが、「じゃ、この日で決めようか」とメールしたら、その翌日、私の携帯が急に鳴った。何事かと思ったら、「すみません。やはり、つらいのでお話しできません」と愛は言った。もちろん、私は受け入れた。

「うん、了解。でも、本にはぜひ書きたいんだ。君が送ってくれたものを書くのはいいかな？」

「あ、あれはもう、発表されたものなんで、大丈夫です」

彼女の心のまだ癒されない傷を思い知らされた。

国連に提出された「子ども報告書」の冒頭の「総論」は、こういう文章で始まっている。

「町じゅうに溢れる人やモノ。ＴＶの電源を入れれば味わえる感動。遠くの人とも関係し合えるインターネット。いつでも誰かと繋がれる携帯電話。そんな恵まれた環境の中にあって、なぜか私たちは、〝からっぽ〟な自分をいつも感じ、自分ではない誰かを常に演じているような感覚に囚われています」

その後の「各論」のなかで、別々の人が書いている、こんな文章群が印象に残った。

「子どもたちは、大人の苦しみを理解しようとしながら、その大人に寄り添うために、自分で進んで『演技』している」

「大人は『態度・興味・関心』といった私たちの心の持ちようさえも評価対象にして、私たちに自分の感情を相手の求めによってコントロールすることを求める」（傍点は著者、以下同様）

「先生が求めている正解を言える子ども。最初から決められた目標に対して『結末の決まった』議論を熱心にやるふりのできる子ども。そんな、大人の求めるものをオートマチックに出し入れできる子どもたちが、結果的には、『社会に適応力のある人材』として認められ、勝ち残っていく」

「自分の顔や性格を変えないと、その場に存在することが許されない不安感に押しつぶされそうになる。その恐怖から逃れるために、さらに揺れる感情に蓋をし、さらに何も感じない無機質な存在でいようとします。その繰り返しで最後には『感情が希薄な最近のコ』と言われ、大人から揶揄されることになってしまうのです」（この項は総論から）

ある報告者は、こんな繊細な神経を吐露している。

「大人は生徒や子どもの前では、『人にやさしく』という理想を語り、実際にはそれと正反対のことをする。また、お世辞と本音を使い分けて、当事者がいなくなると悪口を言う」

そして、この報告者は、自分の両親にもそれを感じ、自分に対して優しくしていても、裏では「馬鹿だ」と言われているのではないか、自分のいない所で誰かに相談しているのではないかと不安で、中学・高校と母親にくっついて歩いていた、と言う。

「悪口を言われないようにするために。母のことが大好きだから、彼女にそんなこと言われてしまうと、自分が壊れそうだったから。だから、大人たちの頭の上に浮かんでいる『正解』を必死で探した」

この報告者（女性）は、高一で「いじめ」の被害者になる。

「死ね」「っていうかウザくね?」「俺あいつの隣マジ勘弁なんだけど」などと一部の男子から言われ、担任に相談しても、「どうすることもできない、そんなことより成績は?」と言われて絶望し、唯一喋れた友人からも、その話をしたら嫌がられ、「こんなネガティブな自分が悪いんだ」と思ったそうだ。

そして、クラスの中でも、「はたから見ると、いつも一緒にいて仲のよさそうな子たちでも、誰かがいなくなると、とたんにその子の悪口を言い始める」ような人間関係が怖く、「でも、私もみんなと一緒のことをしていた」。「そうしないと、その場にいられないという思いがあった」という。

これらの報告者たちのなかに愛もいるわけだが、彼女の場合には、大学院のゼミの生活が救いになったようだ。先生がフランクに院生たちに本音を言う。みんなで料理を作ったり、お喋りしたり。〝ありのままの自分〟を受け入れてくれる〝居場所〟を見つけたのだろう。彼女は、そういう体験が、生きていくうえで重要であり、特に学校の教育に求められると思っていた時に、先生から「高校で、そういうことをやっている先生がいる」と私のことを紹介してもらった、ということだった。

なお、彼女を国連に送り出したのは、ＤＣＩ日本という組織だった。Defence for Children International 日本である、ネット検索してみたら、「日本国内における『子どもの権利』の保障・発展を唯一の目的とする国連ＮＧＯ」とあった。

（2）愛が私の授業を見た

まず模擬授業を見てもらった

さあ、彼女が私の授業や生徒や卒業生たちとのやりとりを見たり、他校の教育現場などを見てどんな感想をいだくか、興味津々だった。

時期を6月に設定したあと、「待てよ」と思った。せっかく高い交通費を支出して2週間上京したのに、いざ私の授業を見たら「なぁんだ」ということにならないか、一抹の不安を禁じ得なかった。ちょうど4月に、私が智佳たちとやろうとしていた学習会があり、智佳たちにとっても、愛と語り合うのは有意義だと思った。そこでその会はむしろ愛を中心にして、私が模擬授業をやり、お喋りしてもらおうと考えた。

「それで、君の研究にとって僕の授業は見に来る価値があるかどうか、判断したらどうかな」と愛に話したら、彼女も乗ってくれた。

当日会場に来たのは、私以外では愛と智佳と私立Z高校に勤務している舞の3人だけだった（二次会に私立Y高校に勤務している冴香が加わった……舞は教員1年目の時、冴香は大学生の時に私の実践発表を聞いて、それ以来の付き合いである）。

私は、ペリー来航を模擬授業のテーマにした。

「1853年　ペリー来航」と板書し、「なんでペリーは来たんだろう？　なにを求めた？」と舞に聞く。

「開国」と舞。舞はこの年初めて日本史を教えていて、ちょうどこの辺を授業でやっているところだ。

「そうだね。ということは、当時の日本はどんな状態だったのかな？」と愛に聞く。「あ〜、鎖国」

「そうだ。ペリーがやってきた時、江戸は大騒ぎになった。こんな歌を聞いたことがあるんじゃないかな。泰平の、ねむりをさます……」

歌を板書して、2012年のNHK大河ドラマ『龍馬伝』（主演・福山雅治）の、ペリー来航で大混乱の江戸を描いたシーンをビデオで2分くらい見せる。

「ところで、ペリーが来る前に、いろんな国から何人も開国を求めてきていたの知ってる？　そんなに来ているのに、どうしてペリーだけが成功して、有名になったんだと思う、智佳？」

「え〜、う〜ん……。おどしをかけたから？」

「お〜お〜、いいねぇ、よくわかった。ヒント出そうと思ってたけど、いらなかったなぁ」

それを上手に描いた、2000年にNHKで放映された『その時歴史が動いた』の、ペリー来航シーンをビデオで5分ほど見せる。

「1853年を、『いやでござんすペリーさん』って言う語呂合わせがあって、僕すごくいいと思うんだけど、それは、このペリーが威嚇して、江戸が大騒ぎになったことがよく表れているような気がするからなんだ。ところで、なんか日本はやられっぱなしって感じがするかもしれないけど、僕はペリーも必死だったんじゃないかって思うんだよね。ペリーってどんなルートで来たと思う？」

「あ、地球の裏側を通って来た」指名されずに舞が答える。

「そうだね。ふつう最短距離の太平洋を渡ってきたと思うよね」（学校の教室では、ここで生徒たちに地球儀を見せて説明する——著者注）

「ところがギッチョン、ペリーはアメリカの東海岸から大西洋を通って、どんぶらこっこどんぶらこっこ、アフリカの西海岸、喜望峰とか通って、あちこち停泊して燃料や食料、水なんか補給して、インドを経由して中国にも寄って、半年以上かけてやってきたんだよ。どうしてかわかる？」

3人の顔を見渡すと、今度は智佳が「鎖国してたからかぁ……」と、つぶやく。

「そうだと思うんだ。当時の航海技術で太平洋を渡ってなんとか日本に着いても、交渉が決裂したらヤバイでしょ。だから、こんな手間かけて、来たんじゃないのかなあ。ところで、いまのビデオにもあったけど、ペリーが開国を求めたのに対して、幕府内部の意見は真っ二つに分かれた。開国か、攘夷か」

「攘夷」という字を大きく板書して、「攘はうちはらう、夷は外国。当時『祖法』と言われた幕府の基本方針では、アメリカ大統領の国書を受け取ることすら、許されないことと考えられていたんだね。そこで、当時の老中のリーダー、30代の阿部正弘は、自分は開国やむなしと思ってたんだけど、攘夷派の中心人物で実力者の水戸藩の徳川斉昭とサシで話し合って、彼を幕府の中心に取り込んで、国書受け取りだけは了解をとって、ペリーには来年の返答を約束して、ひとまずお引き取りいただくことに成功した、ってわけ」

「……しかし翌年ペリーは再びやってくる。教科書読むよ。……1853年の軍艦の数と、1854年の軍艦の数どうなってる？　初めやってきた時の4隻でも大騒ぎだったのに、今度は7隻！　ますます、脅しをかけてきたんだね。そこで幕府はやむなく……」

「1854年　日米和親条約調印……鎖国はくずれた」と板書する。

「さぁ、これでめでたしめでたし、かっていうと違うんだ。アメリカはこれでは満足しなかったんだけど、どうしてだと思う？　当時、アメリカをはじめとする欧米諸国は、鎖国を続けていた日本とは違って……」と教科書の記述に注目させる。

「欧米諸国は、ここに書いてある通り、資本主義社会に突入していた。資本主義っていうと、いま僕たちが生活している社会のシステムだけど、それ以前のシステムとどんな違いがあるだろう？」と言って、「機械化された工場での大量生産」「身分によらず、商品が売れさえすればビッグになれること」「しかし、売れるかどうかには、競争がつきものである」などを説明する。２０１３年11月14日の新聞広告（「朝日新聞」20・21面）を見せて、「西武やそごうが、イトーヨーカドーやセブンイレブンに吸収されたんだね」と注目させ、「さっき、ペリーも必死だったんじゃないかって言ったけど、彼もそういう競争のなかにいたと思うよ。……ということは、アメリカは和親条約で、『お付き合いが始まる』ことだけでは満足できないよね。次の段階として何を求めたと思う？」と発問して、愛を指名した。

「う〜〜ん……」と、しばらく考えていた愛は、「貿易！」と答えた。

「よし！　そうだね。よくわかった。だから、次に、日米修好通商条約、ってなるんだね」

「模擬授業どうだった？」と、３人に聞いてみる。「知識が深いなぁって思った」と舞。

智佳が「いやぁ、久しぶりに先生の授業受けたけど、なんか自分が老中になった気分だった。そうじゃない？」と愛に話しかけると、愛は「私、生まれてからこんなに貿易って言葉がわかったことないと思う」と、微笑みながら答えていた。

智佳を交えた、授業後の会話

改めて、愛がなぜこの場にいるのかということをほかの2人に説明した。「どう？　2週間、授業見る気になった？」と愛に問うと、「はい、ぜひ」という答えがかえってきた。

「そっか。じゃ、せっかく今日はかつて僕の授業を受けた智佳が来てくれてるから、授業がどんなだったか、話してもらおうかな」と私が振ると、智佳はこんな風に答えてくれた。

「私、中学はすごく楽しかったのね。右にならえって感じだったけど。それが高校入って一年の時は、小泉先生のことは知らなかった時ね、『なんか違うな』って思った。私は、何でも一生懸命やりたい方なのに、高校の先生はどの先生も生徒と距離とってて……」

ああ、それがあの不満そうな表情というか、「私は、自己実現できてません！　でも、それについては、いいんですもう」というオーラ（1章参照）だったんだなあ、と思った。

「小泉先生のことは、うん、きっかけは先生からだね。でも、傷つき屋さんで……（笑）生徒の解答を書いてくれたり、読んでくれたりした（そういう、『いい例』は、私は名前付きで紹介した―著者注）。そうすると、『あの人は、こんなこと書いたのか！』って思ったり、生徒どうしをつないでくれたのね。たとえば、地味でオタクっぽい子がすごくまとまった答えを書いて尊敬されるとか。先生は、『僕はね』と言って、意見を言ってくれたりしたのがよかったね」

それを聞いて愛は、「私の県では、高校の記憶がないって言う人が多い気がする。先生も誰だか覚えていない。覚えているのは、行事や部活くらいとか」と言って、智佳に質問した。「高校時代に、小泉先生みたいに自分のことを語ってくれる人に出会ったことは、どういう影響があったと思いますか?」

するると、智佳はこんな風に答えた。

「小泉先生はさかんに、『僕は弱い人間なんだけど』って言ってたのね。だから、『ああ、あんなふうでもいいんだ、弱さがあってもいいんだ』って思った。

私たちの前の生徒たちとは『ずっとつながれなかった』って先生言ってた。それを聞いて、そんなもんなんだっていう気もしたし、〝弱さ〟って、人間くささ、人間らしさ、って感じで、安心できたのかな。

高校生は劣等感の固まりで、他人と比べちゃうし。

先生は、時々歌を歌ってくれたのね、なんか、それもすごくよかったなあ。音楽って、魂の解放ってとこあるじゃない? 先生、あれ早稲田大学の校歌でしたっけ? 一番歌って終わりかなって思ってると、じゃ二番いきます、じゃ三番いきますって」

私は早大出身ではないが、早稲田大学や明治大学の校歌は、なぜか自由民権運動の匂いがして、「自由」「独立」といったフレーズに高揚感を覚えた当時の若者(と、それにつながる私)の思いを、生徒たちに伝えたくなるのだ。

その後6月に、いよいよ愛が本格的に上京してきた時、改めて4月の会の感想を聞いたら、彼女はこう答えた。

「智佳さんの意見を聞きながら、『いま、世界を一緒に見ている仲間がいるんだ!』という感覚を味わっていました」

（３）愛が見た教育の現場

私の授業を見る視点

２０１４年6月3日、翌日から始まる授業見学を前に、どういう視点で授業を見ようとしているか、愛に聞いてみた。改めて、４月の模擬授業の感想から話してもらう。

「ペリー来航の授業を受けて、自分が江戸時代にいるような感覚になりました。そしてその後、それ以前とは違った視点で、現在の日米関係とかを見ている自分に気づいて、『これってすごいなぁ』って思ったんです。ニュースなんかも、それまでと違った視点で見ているんですよ。

だから、『授業のなかで、過去のある時代をリアルに体験することが、何をもたらすか』っていうのかな。たぶん、小泉先生の授業には、歴史といまを結びつける〝発見〟があるんじゃないか。そんなところを見たいです。それから、そういう授業を受けた高校生が、歴史や社会をどう身にまとっていくんだろう、って。その時の先生のやり方とか働きかけ方を見たいです」

私からは、こんなことを言った。

「僕が見てほしいのは、僕が徹底的に生徒に依拠しているところ。たとえば、僕が発問して誰かが答える。その生徒の言葉で、別の誰かの考えが引き出される、って感じ。そうしたことで、生徒どうし、生徒と教員の関係も変わるんだよね。

最初は正解が出ないこともある。でもそこから、いろいろ考えることが大切なんじゃないか、と僕は思うんだ。普通のよくある授業は、そこで先生が『正しい答え』を教えちゃうわけじゃない？」

初めての高校現場の授業見学

教室に行って、生徒たちに愛を紹介する。拍手がわいて、緊張が隠せない彼女の表情が和らいだ。

愛には教室の最後方に座ってもらって、私はいつものように、一人ひとり「○○くん、◇◇さん、……」と出欠点呼をとる。いま私の周りでは、これをする教員が圧倒的に少ない印象を受ける。ほとんど（ほぼ全員？）の教員は、バーッと教室全体を見渡して、「欠席はいないね」とか、「休みは、△△と□□でいいかな？」とか言って授業に入る。若くセンスがいいと私が思う教員に、「なんで、一人ひとりの名前呼ばないの？」と聞いたら、「いやぁ、少しでも授業内容やりたくて」と彼は答えたが、私にはそれはできない。私は、「くん、さん」を付けて一人ひとり姓を呼び、目と目を合わせようとする。一人ひとりに授業をしているのだし、健康チェックや「挨拶」のつもりもある。

呼ばれた生徒たちの中には、身体を曲げてこちらに顔を向けたり（前の生徒の陰になっているときなど）、顔を上げたり、手を挙げてニッコリする者もいる。もちろん中には、呼名されても下を向いたり、返事をしない者もいる。そういう反応がいつもと違っていたら、「あれ？　きょうは、どうしたのかな？」とか、頭の隅にインプットしておく。見るからに顔色がさえなかったら、「保健室行かなくて大丈夫か？」などと声をかける。元気がなさそうに見えた生徒が授業を受けているうちに、「面白いなぁ」「へぇ、そうだったのか！」といった感じで表情が輝いてくるのを見ると、「やった！」と感じて嬉しい（全くこちらの考え違いかもしれないが、極端な話、それでもいいのだ。生徒の顔が明るくなるのを見るのが嬉しくないなんて教員はいるだろうか）。

「きょうは、この前エンディングで話した戊辰戦争の話で、最初の戦いが勝敗のカギを握ってたんじゃないか、なんて言ったけど、何ていう戦いだったっけ？」「人数が三分の一の新政府軍が勝った理由として、挙げた理由は？」

私が指名するまでもなく、次々に別々の生徒たちが答えて、授業は進行していく。

「武器の違いって話したけど、僕はそういうの詳しくないんでこの中に僕より詳しい人いるかもだけど、ちょっと本読んで勉強したんだ。そうしたら、やっぱり新政府軍の方が銃なんか新しくて、弾は元込め式だったんだって。元込めってわかる？（身振り手振りで説明する）

旧幕府軍の方はこの時はさすがに火縄銃じゃなかったらしいんだけど、それでも弾の込め方は火縄銃と同じで先込め式だったんだって。（身振り手振りで説明する）

じゃ、教科書読んでみようか。260ページの17行目（生徒たちが教科書を開いて、該当の箇所を見つけるのを教室全体見渡して確認した後）、徳川慶喜を擁する旧幕府軍は、……」

新政府軍が「ご一新」と呼ばれた〝新しい政治への期待〟を利用して連戦連勝したことを伝えた後で、戊辰戦争の最中の私が重要と思うエピソードに触れる。

「教科書の欄外の注に出てくる赤報隊という部隊。これ、僕が高校生のころは、教科書に載ってなかった。いまでは入試にも出るんだよ。江戸時代って、テレビもラジオも、今のような新聞もないじゃない？じゃ、命令とか新しく出た法律とかどうやって伝えたと思う？」

〝おふれ〟とか〝言葉〟とか、中には〝携帯〟といったウケねらいの答えなども飛び交うなか、一番後ろに座っていた女子生徒が出した「立て札！」と言う声が聞こえた私は、すかさず、「よしそうだ！　立て札なんだよ。さぁ、その立て札で『年貢半減』を民衆に知らせていった部隊の話なんだ……」

授業が終わった。「どうだった？」私も、愛が感じたことを早く聞きたい。

「余談の効用って言うんですか。最初の方で、教科書や副教材を見て、下を向いてた生徒たちが先生の身振り手振りで先生の方を向いたんですね。武器の違いの話で。その時、空気が和らいだんですよ。元込め、先込め、ってイメージがわいて、それでスッと教科書なんかに入っていける、って感じでした」

「先生の眼差し。上から目線じゃなかった。同じ立場。それが、ポーズじゃなくて、素《す》でやってるのが、よくわかりました」

「後ろの方から、『立て札！』って声があがったじゃないですか。あれで、空気がちょっと変わりました。それまでは、やっぱり先生を囲んで、どうしても、教室の前の方が勉強してる感じで、後ろの方は、まあ聞いてるって感じだったんですね。

それが、あれで、教室の前から後ろに考える雰囲気がバーッと下がってきた感じを受けました。それから後は、教室全体で授業に入って行っている感じで」

「先生が、B.C.のいわれを取り上げた時に、一人の女の子が、『うん、うん』ってうれしそうにうなずいていたんですよ。（私が、「あ、それ俺も気づいてたよ。あの子は知ってるなと思ったから、あの子に『なんで、紀元前のことB.C.っていうのかな？』って質問したんだよ」と言うと）ああ、やっぱり。先生は、授業は一人ひとりにやってると言われてたけど、本当に一人ひとりを見ていらっしゃるんですね」

いやぁ、いいところを見てくれてるなぁ、と思った。これからが楽しみだ、と期待が高まった。

（４）視野を広げてみると

D高校の卒業生たちと話した愛

前述した通り、せっかく高い交通費を払って上京した愛に、私の授業を見てもらうだけではもったいないと思った。

４月に智佳とは話せたが、今度は別の高校の卒業生と考えて４章に登場するD高校卒の実奈たち（２００７年３月卒業）に集まってもらい、愛を交えてお喋りする機会を設けることができた。

この日実奈は非番の日で、それに合わせてシフト変更してくれた２人、出産退職した２人と、仕事が終わって合流した１人、の計６人が集まってくれた。すべてD高校卒業時に私がクラス担任をしていた女子である。そのうちの３人は、２０１４年３月に新宿で私の誕生祝パーティーをひらいてくれていた。

高卒後の進路と就職先は、全く同じ美容専門学校に進んだ3人は化粧品販売（五年目）、美容会社支店長（六年目）、歯科助手兼受付（二年目）をしていた。体育系短大に進んだ二人は妊娠と出産で共に退職していたが、退職前はスポーツクラブ勤務（四年強）と保育士（二年強）だった。もう1人は短大アートコース進学後、いまはエステのフロント（四年目）をしていた。

まず、愛が上京した理由を説明した。「え〜、すご〜い！」などと反応していた6人は、私への報告を兼ねて、「高卒後、現在までの遍歴」を語ってくれた。その後で愛が質問した。

「高校の先生と生徒さんたちで今でもこんな風に会ったりするのって珍しいと思うんです。皆さんにとって小泉先生って？」

「友だち」「気をつかわずに何でも言える。ふつう大人には敬語をつかうけど」「なめてる？」「信頼してる」……ちょっと恥ずかしくなってきたので、私も茶々を入れる。

「あのさぁ、これ一度聞いてみたかったんだけどね。俺のこと秀人って下の名前で呼ぶでしょ。この業界で40年やってて担任も何回もやったけど、君らだけなんだよね、下の名前で呼ぶの。あれ、何で？」

「だって、秀人は秀人じゃんねぇ。いかにも、秀人！　って感じだよねぇ」と実奈が周りに同意を求める。冷静な咲季が「男子が言いだしたんじゃない？」と言うと、陽菜も「そうだよぉ。男子男子」と言う。

それで私はパッとわかってしまった気になった。

「えぇ〜、そうなんだぁ。ちょっとショック。俺、わかったような気がする」と、この集まりのために持ってきた、彼らが卒業時にくれた寄せ書きを出して、「ホラ、これ見て。ふつうこういうのって、小泉先生へって書くじゃん。まぁ真ん中には大きい字でそう書いてあるけど。この涼平のヤツ、小泉さんへ、でしょ。省吾なんか、ひでじぃへ。大翔は、小泉君へ、だよ。そっかぁ。ナメられてたんだ～。なんか俺、親しみ込めてって感じかと思ってた～」。

「秀人には、じゅうぶん親しみ込めてだよ」。実奈がフォローしてくれて、ちょっと気を取り直す。今度は私が、「うん、この前新宿で誕生日祝いのパーティーやってくれた時、君らの友達つながりで俺のクラスじゃなかった沙也花が来てくれたでしょ。彼女、『こういうの、奇跡だと思う』って言ってたよね」と言うと、また発言が続く。

「奈月がこの前、『ホントいい先生と会ったね』って言ってた」「秀人はマメだよね。しつこいくらい。秀人から連絡してくれる」「高校の印象が楽しくて、っていうのもあるんじゃない?」「今でも私たち集まってるもんね。それで、『秀人こうだったよね』って言い合って、『そうそう』なんて盛り上がったり」

ここで、いつもクールな咲季が一言。

「申し訳ないけど、私、日本史の授業楽しくなかった」。すかさず他のメンバーが、「さすが理系」「奇跡の理系」とか言ったが、愛は反応して、「なんか皆さん、井伊直弼がなんで殺されたか、ってことで盛り上がられたとか（4章参照）。そういうのって、いまの生活で活きてますか?」と聞くと、卒業生一同「……」。

しかたなく愛が、「じゃあ、小泉先生の授業でよかったのは?」と聞くと、これにはいろいろな答え。

「なんでそうなったのかを細かく説明してくれた」

「『だから今、こういう制度があるんだ』って、自分たちがいま生きていることにかかわって興味が持てた」

「放課後とか、そういうことをみんなで話して盛り上がったよね」

「ふつうのテストは、丸暗記でつまんないけど、小泉先生のは違った」

「なんでそうなったのかがわかると、その先が気になった。ドラマみたいだった」

「卒業旅行の夜に、弘樹や輝哉と私たちで政治の話をした。弘樹はすごく熱かった。輝哉は朝鮮学校へ行った話をしてくれた（4章参照。なお弘樹と輝哉については4章に登場する—著者注）」

今度は、私が彼女たちに問いかけた。

「在学中、自分たちのグループに名前つけてたじゃない。卒業文集に頻繁に出てきて気になったんだけど、『をともらひ』とか『カチューシャ』とか、あれ、どういう意味でつけたのかな？」

「『をともらひ』は、梨生のケータイからだよね」「『カチューシャ』は、あのころ制服にカチューシャっていうのが一部ではやってて、私たちそれを否定してて、カチューシャ絶対やらないひとたちってことで」「テニス部は、JTBってグループ作ってた。人工・天然・ぶりっこ、でJTB。人工・天然・ブスとも言ってたけど。『ナニナニだぴょん！』とか、『ナニナニだぷっ！』とか言い合ったりしてた」「同じ職場の人で、ぜんぜん学校ちがうんだけど、みんな二つくらいグループに所属してる。私たちの世代、そういうのがはやってるんじゃないかな」

愛も、自分のことを語った。

「私は、すごくネガティブだった。人と関わることに意味を感じなかった。それダメじゃん、ってつい最近気づいたの。大学の院生のゼミ室に、シンクやキッチンがついていて、みんな下宿だから、朝・昼・晩と、ゼミ室でなんか作り合って食べて、解決はできなくても同世代の子と愚痴言い合ったりするの初めてだった」

話は、いまの実奈たちの仕事や職場のことに移った。

「私の友達で大手の会社の営業職の子がいるんだけど、募集の時にはこう書いてあっても、実際入ったら……ってことがあるんだって。『大きいからしょうがない』って言ってたけど」

「労働時間長いよね。手取りは月に15万くらい。期待されてた新卒3年目が、『やめたい』って言ってきた。『お金少なくてチョー働かされて』『法律上は、1ヵ月前からやめられる』って言って、振り切ってやめていった」

「有休使えない。店長によるよね。『使っていいよ～』って言ってくれる人もいるけど、今の店長は、『アンタが使ったら、ほかの人はどーなるの？』って言い方して。有休使うと、悪者みたいになっちゃう」

この実奈たちとのひと時で、愛はどんなことを感じたのか、聞いてみた。

「なんか、高校時代にすごくいい経験したのに、全然覚えてなくて（井伊直弼殺害の原因を議論し合ったこと――著者注、4章参照）、もったいない気がした。せっかくいいものが芽生えていたのに、いまは一つの型におさまってるみたいで」「でも、同級生なんかと話してて、ふつうは『有休』の話にはならない気がする。重い話題だから。それができるというのは、高校時代に表面だけじゃない話し合いができたからなのかなって感じた」

「ビックリしたのは、先生がいるのに胡坐くんでたりして、自然体っていうか。（私もそれは感じていたので、「陽菜の目つき見た？『ホラホラ、先生また始まった、話長いよぉ〜』って露骨な感じだったよ」と言うと、）ふつうは先生ってプライド高そう。上から目線で、『子どもだから聞いてやる』みたいな。でも、小泉先生はそうじゃないから、あの子たちも無理に聞こうとしてないって感じで。なんか、ぐでっとしててビックリしました」

私立Z高校を見学した

私の授業がない6月10日、舞に頼んで、彼女の勤務校を一日見学させてもらった。残念ながら、紙幅の関係でここには載せられないが、どこかで機会を見つけて、生徒たちが授業で活発に意見を出し合う様子や、舞が授業中、生徒たちに「なんで？」「なんで？」とさかんに質問していたこと、教員の方々の工夫やこだわり（ずいぶん、私自身に共通するものを感じた）について報告したい。見学の最後に、愛が舞に言ったこと。

「きょう見せていただいて、授業中舞さんが生徒と話して、『ふふふ』って言われたりしているのが、先生もすごく楽しそうでステキでした。

しばりがなくて生徒が自分の意見を言ったり、『静かにしなさい』と言われないのに話を聞くようになったり、〝型にはまらず、その場その場で〟って感じで、すごく楽しかったです」

Z高校見学の翌日が、私の授業の二回目の見学となった。愛の感想。

「小泉先生が『どう思う?』と聞くことが、生徒たちにとって考えるきっかけになっている。舞さんもそうだったけど、『なんで?』『なんで?』と聞いていくと、授業の進度が遅れる。ほんとは生徒たちが意見交換し合ったりして、自分の言葉で物事を理解していければいいけど、授業時間の制約がある。そこが歯がゆい。

今日の授業でも、小泉先生は立て札をビジュアルで見せて、その後で質問して、教科書の文章に落として『どう考える?』って聞いて、生徒たちの中にぽちぽちと湧き上がっているものがあるのに、そこで使える時間がいっぱいいっぱいって感じだった。Zは私立だから、そうやって授業が遅れるのもありなんじゃないか。そこが公立として、とても悔しい」

上京終了後の愛の感想

上京した2週間の最後の方で、私の授業を見ることとは別に、私の同僚の教員たちの授業を愛が見る機会を設けた。そこでは、とくに若手の授業を見たことが、大いに刺激になったようだ。以下愛の話。

「変に慣れてなくて、〝なんとかわかってほしい〟〝生徒に近づきたい〟って感じで、すごく心地よかった。若いから生徒と近いし。△△先生、◇◇先生、すてきだなぁ。子どもたちに伝えたい、わかってほしい。

〝先生たちって、あんなに一生懸命やっているんだ〟ということが初めてわかった。教育ってものを、今まで本で読んだりしてしか考えたことなかった。でもその〝伝えたい〟〝わかってほしい〟ということが、うまく生徒に伝わっているかというと、そうじゃない」

「大学行かない子には高校が最後だし、〝高校教育で何を？〟って、自分自身そんなこと考えたことなかった」「悔しかった。お金のある家の子はZ高校のような教育を受けられるのかって」「生徒たちにとって、個々には好きな先生がいても、高校生活全体を見渡すと『つまんない』ってなるのは、なんでだろうか」「先生たちが一生懸命伝えようとしているのに、私もそうだったけど、生徒は『高校面白くなかった』って思うのが、歯がゆいと思った」

そのうえで愛は、智佳やD高校の卒業生たちと話し、私の授業を見たことを、こんな風にまとめていた。「D高校卒の人たちは、一人ひとり孤立していても、高校時代の友人関係で救われるところがある。小泉先生の授業やホームルームがあったから、孤立してるけど孤立していないって感じがした」

「高校時代に小泉先生の授業を受けたということと、今の智佳さんの社会活動との間には、もう1ステップあると思う。でもやっぱり、〝あの授業を受けたから〟っていうのもあると思いました」

「大切なのは、大人の姿勢だと思うんですね。智佳さんは小泉先生のこと、『クサイ話を、先生からしてくれた』『僕は弱い人間なんだけど、って言ってくれた。あぁ、それでもいいんだ、って思った』って言ってたじゃないですか」

（5）愛が描く未来と、私の考え

愛のいま

２０１５年１月、愛に電話をしたら、「修士論文が佳境です」という返事がかえってきた。その状態は、しばらく続いたのだろうが、それと並行して、彼女は学生６名、労働者３名で作った実行委員会の一員として、雨宮処凛さんをゲストに招いたシンポジウムを企画したりしていた。

そのシンポのテーマは、〝この社会の家畜として生きるのではなく、楽しく生きるには、どうしたらいいか？　労働に、どんな意味があるのだろうか？〟ということで、〝新しい価値観、新しい社会の模索〟という点では、反原発デモやアメリカウォール街でのオキュパイ運動と共通する志向を持つもの、として取り組まれた。

テーマについての回答の一つとしては、

「ミクロのレベルでは、相手や自分を否定したり拒否したりするのではなく、いま起こっていることの原因は何か、を考え合える人間関係の中にいること。マクロのレベルでは、社会をよくするために、政治的な行動をしていくこと」が、確認し合えたようだ（シンポの報告書より）。

そして、愛本人の〝発見〟としては、

「国連での報告に取り組んだときは、自分の経験だけから社会の矛盾やおかしさを考えた。今回の取り組みでは、他者の経験と自分の経験との共通項を探り、生き方を照らし合わせる中で、新しい世界が広がっていくような楽しさを感じ、より大きな問いを発見する中で、過去の経験に囚われることから抜け出すことができた。お互いの話（生き方）を照らし合わせる人間関係から、自分を外界とつなげる思考の仕方を学んだ」という（彼女からのメールより）。

彼女は、上京中もこんなことを言っていた。

「〝いま〟を楽しんで生きられる社会を作りたい」

「誰かのためになっていることが実感できる労働や、誰かとつながっている労働なら、生きていることを実感できる」

「価値ある存在と認められる、何もしなくても認めてくれる、というのが最低条件ではないか」

愛が考えていることと私の実践とをかみ合わせてみたい。

〝一個の、人格を持った個人として尊重されること〟

私の授業づくりやホームルーム指導のキモは、そこだろう。愛が描く、よりよい未来社会の姿のポイントもそこではないか。それに対して現状はというと、偏差値などによる序列から生じる格差を前にして、傷つくことを恐れ、バカにされないように汲々とし、他人に異常に気をつかう、子どもたちの日常の現実がある。この現実を「乗り切る」ために、子どもたちは、〝いま、この場で求められている正解は、何か〟

をひたすら探し求める。間違うことを恐れ、自分の自由な発想はないがしろにされる（大人だって同じだ）。

それに対して、いつも思うことは、授業にしろ他人に語りかけるにしろ、「憲法は国民主権を規定している」といった言葉だけでは、〝キレイゴト〟になってしまい無力だということだ。また、「差別はいけない」と何百遍〝上から目線〟で言ったとしても、生徒たちの日常の実感からどんどん離れていき、「いじめ」も「スクールカースト」も、決してなくならないだろう。

悲惨な現実を克服していくためには、「間違っても、恥ずかしくない」「みんなちがって、みんないい」といったことが、キレイゴトではない〝現実〟になり、〝素《す》でいられる〟人間関係を、ほんとうに構築していくことではないか。

この小著で記した智佳たちのホームルームや耕太たちとの授業は、そのささやかな一例と言えないだろうか。また4章以下でも紹介したいと思う。

私の授業やホームルームづくりの目指すところは、つまるところ、「格差社会の病理をのりこえ、一人ひとりが尊重される人間関係を構築したい」ということだ。そこからは、「居心地がよく、自分の個性をのびのび発揮でき、自分の長所短所を発見し、能力をのばせる」ミニ社会が、生き生きと、一人ひとりの手で創出されるのではないか。

それとは正反対の、そして残念ながら、現在の子ども社会も大人社会にも圧倒的に多い現実は、〝格差の前に大多数の「負け組」は委縮してもっと下を探し、「勝ち組」と自覚する少数が君臨している〟ということだろうが、この二つの傾向は、どんな社会でも、また1人の人間の心性の中でも、常にせめぎ合っているると思う。その後者のような社会からは、前記の『国連2010年子ども報告書』のなかにあった、〝面と向かってはニコニコ、陰で悪口〟という状況が生まれるだろうし、その逆に、1章で記した、智佳たちの三年生の時のクラスは、はっきりとそれを克服したから、〝究極の居心地いいクラス〟になれたのだと思う。

付言すれば、さきに記した〝せめぎ合い〟を突破するカギの一つは、〝信頼関係〟だと思う。それは、1章でみた私と智佳たち、2章でみた私と耕太にも言えるし、4章以降でも見られることになるだろう。Z高校で見た討論授業にも、教員と生徒、生徒相互の信頼関係を感じた。

第4章

文化祭に燃えたクラス

D高校の卒業生たち　26歳

（1）「井伊直弼暗殺の理由」について激論を交わす女子高校生たち

授業で

職員室で仕事をしている私を、陽菜が呼びに来た。「先生～、いま教室でみんなで勉強してるんだけど。ちょっと質問したいから、来てくれる？」「いいよ」。

定期考査の前日だった。ホームルーム教室に行ってみると、陽菜や実奈など7、8人の女子生徒が、輪の形に机と椅子を移動させて勉強していた。どっこらしょ、と少し離れたところに座る私。

一人が言った。

「ねぇねぇ、井伊直弼ってなんで殺されたんだっけ？」「あ、それ私に言わせて。それはねぇ……」

その生徒が話し終わると、それを待ちかねたように、別の生徒が、「ちょっと待って。私、いまの説明ちょっと違うと思うんだけど、私はね……」。この発言をきっかけに、その場にいる女の子たちが、唾を飛ばさんばかりに〝井伊直弼はなぜ殺されたのか〟を〝議論〟し始めたのである。私をそっちのけにして。

「あれ？」と、まず私は思った。「俺ここにいるでしょ。なんで、俺に聞かないの？」「じゃ、なんで俺呼んだわけ？」という思いが、口には出さなかったが頭の中で渦巻いた。でもそのうち、すごく嬉しくなった。「日本全国の女子高校生のうち、この子たちみたいに『私は、井伊直弼暗殺の理由について自分の意見を言っていいんだ』と思っている生徒は、何人いるだろう？」と、そんな思いにとらわれたのである。

２００６年、都立Ｄ高校でのことだった。耕太が卒業した後、私はＣ高校からＤ高校に異動していた。Ｄ高校はいわゆる中堅校で、中学校の内申書でいうと、「オール３がほとんど」といった学校である。とくに勉強大好きな生徒たちが集まっているわけではない。この年、陽菜たちをはじめ、私が担任している三年四組の生徒たちから、私は教員になって初めて「秀人！」と、下の名前で呼ばれ、やはり初めて、２００７年３月の卒業式前後に何人かからこんな手紙をもらった。

「私は、ひでとの日本史の授業が大好きです。初めて勉強が楽しいって思えるようになったんだよ！（中略）いつもね、〇〇、××（実名―著者注）と集まると、必ずと言っていいほど、日本史について語るよ。（中略）意見とか出し合ったり、もう会議みたいだよ！笑」（ひとみ）

「俺は色々な事を学び続けます。（中略）常にアンテナを立てて、色んな事にぶつかっていきたい。いろんな人に出会いたい。色んなものを見て、感じて、考えたい」（輝哉）

「四組のみんな・秀人とこの一年間一緒にいれて、考え方が大きく変わりました！　視野が広がった、って感じです！　多くのことを吸収し、自分の思ってるコトを言える仲間に出会えました！　みんなが自分の意見を持って話し合えるなんてスゴイことだよね！　みんなキラキラしてたよね！」（梨紗）

「梨生と日本史いつも語ったり、世の中のこと（ほんとうちらの知ってるちっちゃい知識のはんいだけど）語ったり、自分たちＪＫ（女子高生）なのに、こんな真剣にこういうことを話して、まぢうけるってよくいいあってるし！（笑）」（実奈）

ある生徒が、面と向かってこんなことを言ってくれた。

「日本中の高校生が小泉先生の授業を受けたら、もっとマシな国になるのにね」

行事で

行事でも、このクラスのエネルギーや創造性には目をむいたが、なかでも忘れられないのは文化祭だ。なかなか企画の案が決まらない。時間ばかりがえんえんと過ぎ、申し込みの締め切りは迫る。しびれを切らした省吾がこう言った。「先生は、何やってほしいわけ?」「俺? 俺の意見で決めるのは、どうかと思うけど……（生徒たちの視線を感じる）。俺……俺は、劇だけど」「じゃあしょーがんねぇ、劇にしてやるよ! で、どんなの?」「それも俺? いや実は、こんなのどうかなって用意してあるんだけど」「何それ? それ早く言ってよ～!!」と、どこまでが冗談でどこからが本気かわからない、省吾と私の掛け合いがあって、私は『ウェスト・サイド・ストーリー』のDVDの冒頭のシーンを見せた。何の反応もない。「こりゃ、ダメかな?」と思っていたら、ジョージ＝チャキリス演じるツッパリとその仲間たちが、ビンビンのリーゼントの髪型で3人くらい揃ってサッと横を向くシーンで、男子の誰かが「うわっ! 何これ? 気に入った! これ、やろうぜ!!」と言って、決定。タイトルは、『西側物語』と決まった。

後日。当時のD高校では、文化祭でお揃いのTシャツを作るのが流行していた。省吾が（書いていて思い出した。彼の名前がやたらに出てくる理由。彼は確か「文化委員」という係で文化祭企画決定のまとめ役だったのだ）、教卓のところに立って、「えー、Tシャツのデザインは、秀人の顔にしようと思うんですけど、いいですか?」。「おい、ちょっと待てよ。それって気持ち悪くない? 俺の顔ばっかり教室とかあって……（内心は喜んでいる）」。「じゃ、反対がないようなんで、そうします。今から紙を配るんで……」。

集めた省吾は、「だいたい三つのパターンがあります。リアル系（資料③の①）と、アニメ系（資料③の②）と、キモチワルイ系と。オレの好みでは、キモチワルイ系なんかいいと思うんですけど。これとか……」と、最悪のパターン（資料③の③）を最前列のマジメ女子の前でひらひらさせる。彼女は顔をしかめ、手を思いっきり振って最大限の拒否の意思表示をする。

「そうですか……残念だなぁ。じゃアニメ系はありきたりだから、リアル系のこれに決定！　いいですか？　じゃ、これ書いてくれたのは……××君か。もっと精密に書き直して、後で俺んとこ持ってきて」

目立たないタイプの××君が、張り切って清書していた……それで出来上がったTシャツは、巻末のイラストをご覧いただきたい。

そして、劇にオリジナルのダンスを入れたのだが、この練習がすさまじかった。まだ9月の暑い時期、彼らはなかなか振付を覚えられない者への個人レッスンも含め、踊り続けるのである。全体で何分くらいのダンスだったろう。汗を飛ばし、足もとがおぼつかなくなり、やがてあたりは暗くなってくる。見ている私をはじめ、誰もがもう終わりか、ああ、やっと音楽が止まった。……と思った時、ニコニコいたずらっぽい笑顔を浮かべた輝哉が、また、カチッとラジカセのスイッチを入れに行くのだ。音楽が流れ始める。

すると、スイッチを入れた当の輝哉が、「あ～あ～始まっちまった。しょーがねー、またやるか！」と言って踊りだす。……これを、何回繰り返しただろうか。

資料③

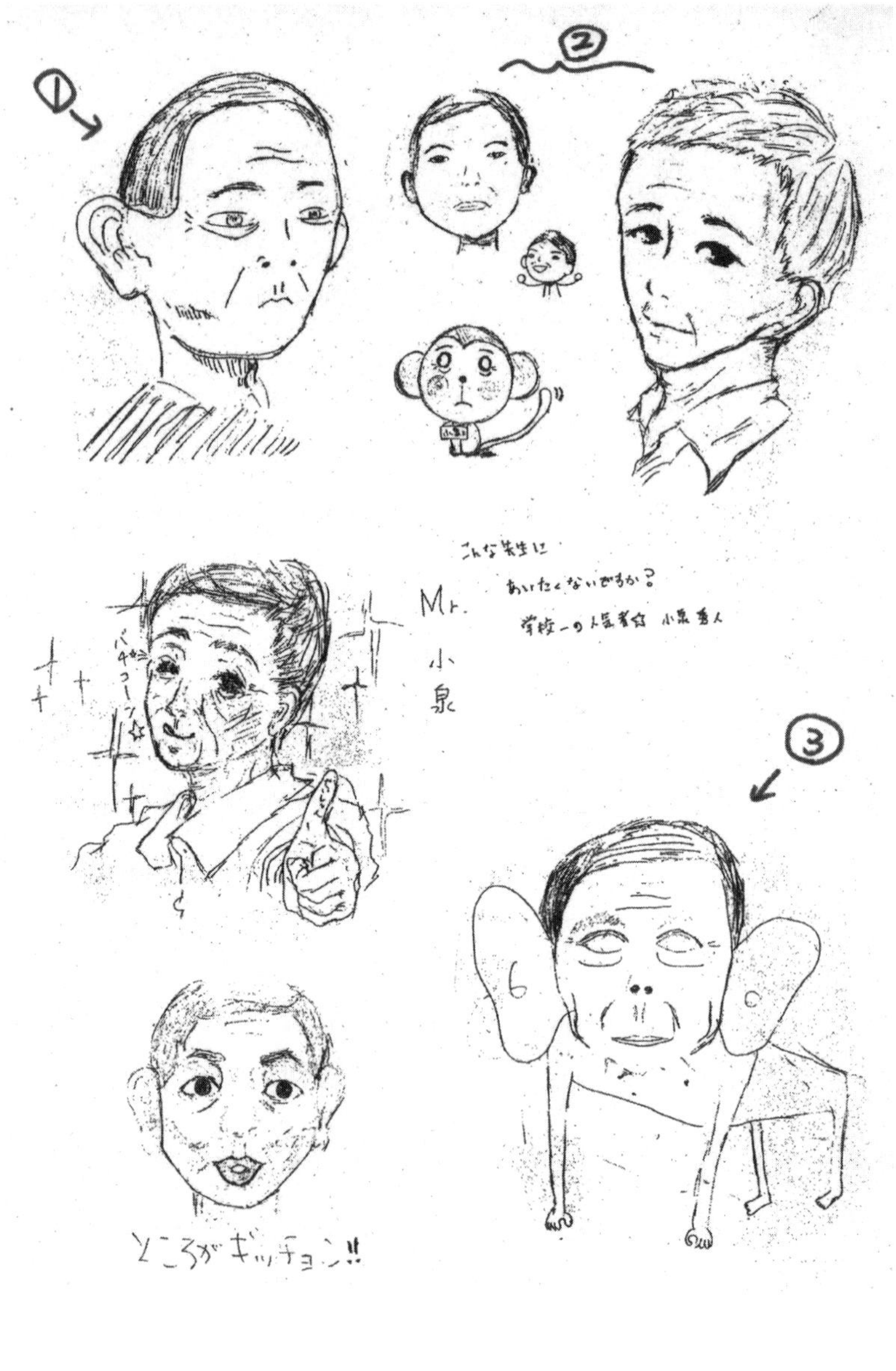

このクラスにはサッカー部員が何人かいて、企画の中心や重要な登場人物になっていたが、予選ブロックを勝ち上がり東京都本大会出場を決めたため、文化祭２日目はその試合と重なってしまった。そこでダブルキャストにして、総勢24名が体育館の舞台に上がった。劇そのもののレベルはともかく、これだけの人数が出演したクラス劇というのも、そうはないのではないかと思う。出演しなかった生徒たちも、衣装づくり、照明、化粧など、文字通りクラス全員が企画に協力したことも忘れられない。

私はあまりの手応えに嬉しくなって、近くのスーパーまで自転車を飛ばして、大型ペットボトルの麦茶など買い込んで「差し入れ」をしたが、予行で演技があまりうまくいかなかった後など、省吾が怖い顔をして、「先生、いま俺たちの邪魔をしないで。どっかその辺に置いといて」と言うので、その真剣さに圧倒されたものである。

（2）この世にない言葉の集団をつくった山中弘樹

弘樹との出会い

弘樹は、２００４年の高一と２００６年の高三の時に担任をした。一年の時の印象としては、サッカー部で、ちょっとシニカルな笑顔を浮かべていて、時々こちらがドキッとすることを言う男の子、というところか。最後に書いたことの意味は、私の子ども時代からずっとそういうタイプの子どもはいたと思うのだが、人間をよく観察していて大人顔負けのことを言う、といった感じだ。いまは、そういうタイプの子どもの割合が私の時代より多くなっている気がする。

弘樹の場合、こんなことが記憶に残っている。高一の時のある日の放課後だった。私は担任していたクラスの生徒に伝えたいことがあった。その生徒はサッカー部だった。当時もいまもD高校はサッカー部員が多くて、男子5人のうち1人はサッカー部員なんてこともあった。部員が集まって練習している所に行くと、やはり私が担任していた貴士が何か足の不調を訴えた。私の直感としては、「甘えてるな。高校生なんだから、そのくらい自分で何とかしろ！」という感じで、一度は突き放した冗談を言ってその場を離れた。……ところが、ここが心配症かつお節介焼きである私の病的なところなのだが、なにか気になって、しばらくたって、また貴士のところに様子を聞きに行ってしまった。当の貴士がビックリした顔をしていたから、やはりさっきの訴えは深刻なものではなかったのだろう。その時弘樹が、「先生、いちいちそういうの気にして担任やってたら、身が持たないっすよ」と笑いながら言ったのだ。そういうことを思っても、口に出す子は少ないと思う。大人っぽく、優しい子だと思った。

それ以外の一年の時の彼の印象といえば、イタズラ好きそうな笑顔、教室の最後方あたりから、何かに熱くなっている連中をシニカルに見る目つき、といったところか。クラスの中心ではなかった。むしろ、一年生の後半に足を負傷しサッカーを断念しなければならなくなった時、「心が大丈夫かな？」と心配したことを覚えている。あとは、定期考査期間にやたらと早い時間に登校して勉強していたことくらいか。

三年で行事やホームルームが盛り上がった時、彼は中心にはいなかったが、要所要所で弘樹でなくてはできないような役割を果たしたと思う。たとえば、文化祭の劇でアドリブのギャグなどを全く表情を変えずに行う彼の演技は秀逸だった。

こんなこともあった。ホームルームのレクで、私は「他己紹介」というゲームをやったことがある。自分が高校時代にやって面白かったのだが、いまどきの高校生には〝危険な〟ゲームだと感じていた。しかし、2章で書いたように、「ギリギリ危険に近づいた時が面白いし、本質が露呈される」ものだと思うので、「このクラスならできるんじゃないか」と危険を冒したのである。

どんなゲームかというと、1人1枚ずつ紙を配って、一番上に自分の名前を書かせる。それを集め、シャッフルして配り直すと、他人の名前が書かれた紙がくる。その人になったつもりで、その人の自己紹介文を書く。それを回収して、名前を伏せて次々読み上げ、誰の紹介文か当てるというものである。

「えー？　何それ？　つまんなそう！」という声もあがるなか、弘樹は珍しくテンションが上がった姿をみせて、「やろーやろー！　さぁ、誰のが書けるかなぁ？　あ、コイツなら書ける！　フフフ……」と大声で独り言を言っていた姿が忘れられない。……付言すれば、危険というのは、匿名で他己紹介をするため、触れてほしくない秘密の暴露といったいじめやいじりにつながりやすいということだ。しかし逆に、〝何でも言い合えるクラス〟だったら、匿名の暴露は大盛り上がりだ。この時も「最近パーマをかけて大変身！　いつもニコニコ、チャラチャラしてる」と書かれたシャイな男子生徒は、「あ、俺のこと、そんな風に注目してくれてたんだ」という感じで嬉しそうな顔をしていたし、別の男子生徒についての「実は、D高校には入りたくなかった。ほんとはJ高校に行きたかった。『ああ、J高校いいなあ、だってあそこは……だし、……だし』って今も言ってる」という暴露には、本人も含めて、クラス全体も私も大爆笑だった。この後、弘樹は、「先生が、いつもクラスの僕たちのことを考えてくれてるのは、全員わかっていますよ。感謝しています」と言ってくれたものである。

3章で書いたように、弘樹はクラス40人中36人が参加した2泊3日の卒業旅行で熱く語ったようだ。そして、その後、弘樹、輝哉、実奈ら7、8人が、「先生と語りたい」と我が家に押しかけてきた。私の家の近所に住んでいる同僚の女性（実は、輝哉は、授業については私より彼女のファン）にも付き合ってもらい、彼女が深夜帰宅した後はファミレスに移って、午前2時ごろまで語り合ったこともある。その席で、D高校の彼らの同期でバイトで荒稼ぎしている男子のことが話題になった。その時弘樹は、「そりゃ、お金はあった方がいい。だけど、アイツみたいにバイトしようとは思わない。お金はそこそこあればいい。そんな時間があるんだったら、こうやってみんなと話していたほうがいい」と言っていた。

大学生時代の弘樹

高一でサッカーを断念した際、弘樹は医師から「走る動作」を禁じられた。しかし、身体を動かすことが大好きだった彼は、中学からの友人に誘われて、ストリートダンスを始めた。高三のころにはいろんな大会で優勝したりして、大学二年で年上の人たちばかりのセミプロのチームに加わり、お金をもらってショーに出たりするようになった。年1回の日本大会でベスト4に入ったり、ペアで出場したロンドンの国際大会で優勝したりして、本気で〝日本一になって世界を目指そう〟と思った。大学三年修了時に、〝自分のすべての時間と体力をダンスに注ごう〟と休学し、1日8時間くらい、大学やスタジオ、夜の駅などで練習した（私も、そのころの彼が夜の駅で練習しているのと何度か遭遇して、メンバーに紹介されたりした）。しかし、その1年で結果を残すことはできなかった。

ダンス以外に、大学時代の弘樹は、同じD高校卒でこの後（３）に登場する輝哉らとともに、「オポーネル」という集団を作った。その集団のコンセプトは、〝本気でヒトの可能性を信じて、ヒトの可能性に賭ける集団〟〝現状に満足することなく、自分自身、他人、社会など、どんな物事にも全力で向き合い、可能性を追求する集団〟というものだった。

その集団が行うプロジェクトは三つあって、

①インタビューリレーを通じて、ヒトの魅力を最大限に引き出す（この中心は輝哉で、（３）で記す）

②ジャンルにとらわれず、ヒトをつなぐイベントを企画し、運営する

③直接的な場だけでなく、ネット上でのつながりも促進する（②③の中心が弘樹）

②のイベントの中で、私が参加したものもある。２０１１年9月、夜7時から10時でカフェを貸し切って、会費３０００円（飲み放題、フード付き）で行われたものだ（資料④参照）。

対象は、大学の三、四年生限定50人と、社会人・就職内定者50人で、「この場の使い方は、『人それぞ

れ』、就職活動への入口、様々な人に出会う入口、様々な価値観に遭遇する入口」とうたっていた。

当日行ってみると、弘樹たち学生スタッフが何人もいて、司会から、「この学生スタッフが、出会いを演出します。何か聞きたいこととか、こんな人と話したいとかいう要望があったら、遠慮なく声をかけてください」と紹介されていた。見ず知らずの若者たちが男女を問わず楽しそうに話している光景は、見ているだけで嬉しくなる。ニコニコしながらぶらぶらしていたら、「先生、こっちに教員になりたいっていう人たちがいるから、話して下さい」。また適当なタイミングで、「先生、こっちに、オジサンと話したいっていう人たちがいるから、よろしく」などと声をかけられ、私も男女を問わずいろんな出会いを楽しむことができた。

「オポーネル」という集団名、また、企画の名称として使われている「オポーネリング」という言葉は、聞き覚えがなかったから、「どういう意味の言葉なの？」と聞いてみたら、「いかにもありそうで、まだ、この世に存在していない言葉を創ったんです」という答えだった。イベントは、初めは高円寺のカフェ店長の共感を得て、その店での語り明かしなどから始まり、フリーマーケット、「優勝チームが東日本大震災の被災地でショーをおこなう」というダンスバトルでの優勝、被災地でのパフォーマンスと講演会、中学生向けのブレイクダンス教室、外国人や留学生との交流会などが行われ、私が参加した9月の集まりにつながって行った。そして12月に、9月とは違う場で、１００人規模の同趣旨の企画を、「12時から22時まで」おこなった。

そしてついには、２０１２年1月に、街コン、つまり大規模合コンを男女各１５０人規模でおこなった。

資料④

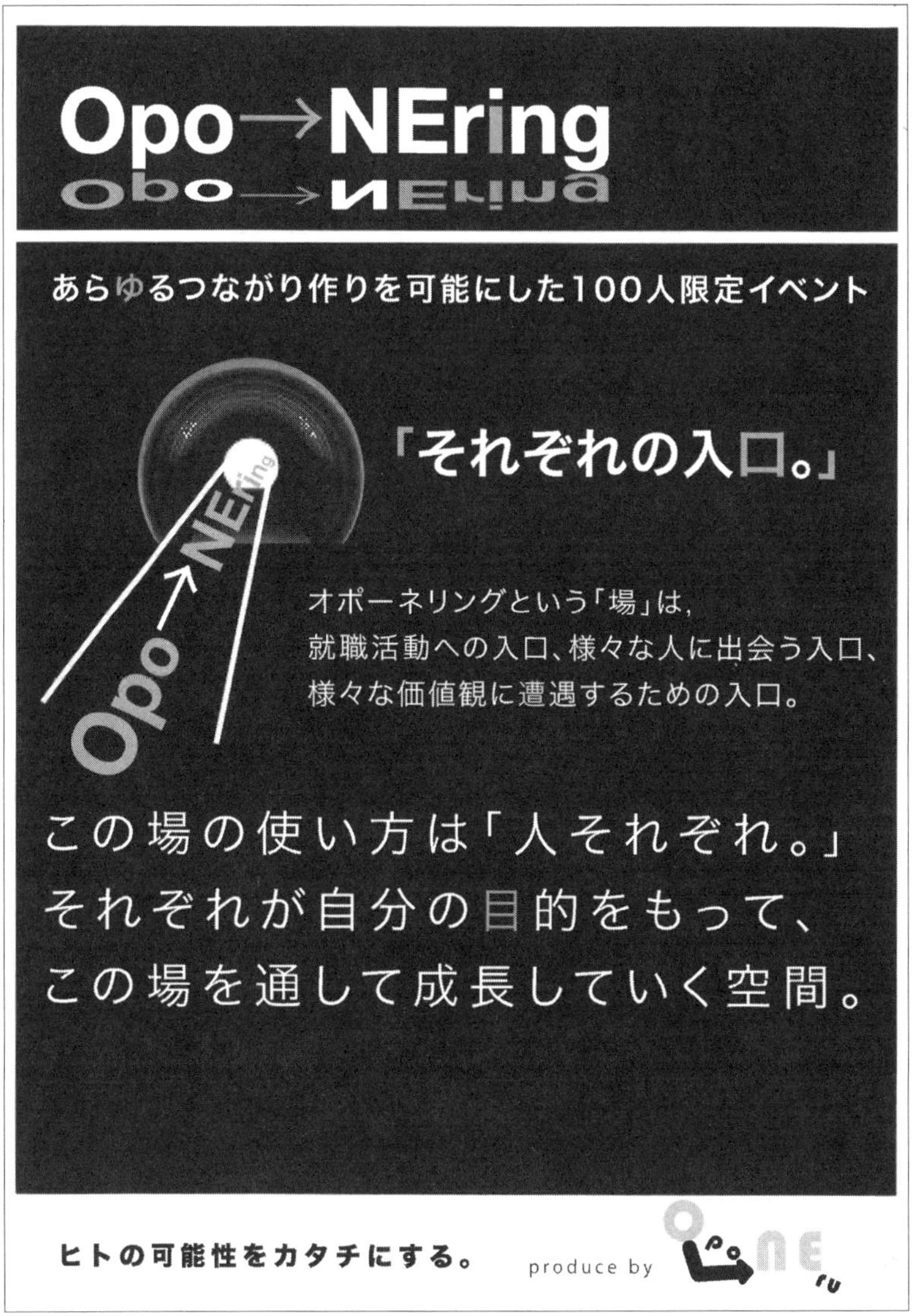
Opo→NEring
あらゆるつながり作りを可能にした100人限定イベント
「それぞれの入口。」
Opo→NEring
オポーネリングという「場」は,
就職活動への入口、様々な人に出会う入口、
様々な価値観に遭遇するための入口。
この場の使い方は「人それぞれ。」
それぞれが自分の目的をもって、
この場を通して成長していく空間。
ヒトの可能性をカタチにする。
produce by

この街コンでは、地域の個人経営のカフェ5店舗をすべて貸し切りにして、会費は前売り（当日1000円アップ）で男性4500円女性3500円、18時から21時まで飲み放題でおこなわれた。読売新聞や産経新聞などの地域版で報道され、市の広報にも弘樹の写真・呼びかけ文入りで掲載された。

弘樹が学んだもの、私との関係

これだけのものをやり遂げて、どんなことを学んだと思うか、弘樹に聞いてみた。

「オポーネルのスタートは、僕と洋（同じD高校卒のダンス仲間）で、『何かしたい……でも、なにをしたらいいのかわからない』とくすぶってる面白いことやれそうなヤツらを集めて、10人くらいで飲んだんですよ。でも、そこで出たアイディアは、『日本全国を舞台に〝かくれんぼ〟をやろう』とか、話が散らかっちゃったんですね。

そこで今度は、『やりたいことが近い人たちで集まり直して、何か形にしよう』と考えて、8人のメンバーで飲んだんです。そこで共通してたどりついた理念が、〝本気でヒトの可能性を信じて……〟なんですよ。みんな、人に対して興味がある。人とちゃんと向き合って、〝自分自身と、関わった人たちの可能性を形にしよう〟と思ったんです。話して気持ちよくなっておわり、じゃなくて、アウトプットする。形にこだわって発信しなきゃ、何にもならない」

「やってみて、『あ、案外形にできるな、俺』って、自信になりました。憧れとか嫉妬とかお金持ちいいなあとか、そういうの完全に自分のなかで消えましたね。一個一個、何かに流されてたらきりがない。迷ったら、『より自分らしい判断はどっちだろう』って考えればいい」

「自分の無力さにも気づかされました。ダンスを通して、何でも自分でやれると思ってたけど、オポーネルの活動では関わる人も多く、どれだけ人を巻き込めるかが大事だってわかった」

「あと、仲間の大切さですかねぇ。スキル持ってる人や、成績のいい人と出会うより、共通の志向を持ってる人と出会う方が大切だと思うし、難しい。あの中核メンバーの８人だって、あの時のもがいているタイミングだったから、集まることに意味があった。いま同じメンバーで集まっても、同じモチベーションにはなれないでしょう。そういうこと、その時は全然気づかなかった。いま同じことをやろうとしたら、『いくらお金がかかるか』とか、よけいなことを考えちゃう。あの時は、〝ただ、やりたいんだ〟というだけでできた」

「けっきょくは、承認欲求だったと思いますよ。〝自分たちの可能性を形にしたい〟それを、押し殺さずにいられるかどうか。ふつうは、押し殺して現実に合わせる人が多いんじゃないか。あの時の僕たちは押し殺さずにいて、周りの環境やいろんな人たちの力添えで形になった。勉強ができるとかスキルがあるとかが大事じゃなくて、共通の志向があって、しかも個性がみんな違う人が集まって、その個性を発揮し合えたのが良かったんじゃないか。いまは社会人になって、僕もずいぶん自分を押し殺してる。社会に合わせていく部分も必要だけど、どうしてもゆずれないものは何だろう、なんて考えています」

こうして原稿を書いていたら、弘樹と輝哉が冬の寒い夜、私の家の裏手で立っていた光景を思い出した。

私が妻と車で家に帰ってくると、二つの黒い人影が、待ちかねたように車に近づいてきた。「だれ？」ギョッとした声で妻が叫んだ。車から降りた私に、「先生ごめんなさい、少し話をさせてくれますか？」と声をかけた輝哉の顔は、思いつめたような表情をしていた。横にいる弘樹も同じだった。さきに書いた、近所に住む女性の同僚にもつきあってほしいと言う。その、あまりにも真剣な表情に、私も彼女も「いま夜だし。アポもないし」なんていうセリフは出てこなかった。雪が残った公園で、真っ暗でショボい街灯だけがようやくお互いの顔を判別させてくれるなか、確か弘樹が、「大学を卒業する前に何かをしたい。もう僕には時間がない」というようなことを言った気がする。

弘樹のいま

取材メモに戻ろう。弘樹に、私とのことも聞いてみた。

「小泉先生を通じて、〝レール以外の部分〟を知ることができた。それが、僕にとって、世界を知るきっかけになった。学校で教わるのはレールの中だけ。学歴しかモノサシがない。成長と言ったとき、その過程はレールに沿ってとしか考えられなくなるけど、小泉先生と会って、〝ちがったモノサシで、けっこう見られる〟ということを知った」

レールかぁ……と、弘樹の話を聞きながら、私はヘルマン＝ヘッセの不朽の名作『車輪の下』を思い出さずにはいられなかった。

弘樹は、いま、世間的な尺度で言うと彼の出身高校や出身大学からは考えられないような、超有名ＩＴ企業に就職している。２０１４年で入社３年目、営業目標は１カ月２億円程度で、それも達成していると言う。「いまの会社にどうして入社できたと思う？」と、率直に聞いてみた。彼の答え。

「自分が勝てる部分を意識しました。〝自分を採用しない方がセンスがない〟と思ってました。人との出会いや学びのなかで、学歴以外の価値を見出していたことが認めてもらえた気がします」

「そのきっかけをさかのぼれば、先生と学校で話したことだったり、輝哉と話したことだったり、イベントやインタビューリレーだったり。ただ、学校というレールに沿ってやっていくことで基礎力が付く、ということも大事だと思います。輝哉とちがって、自分はそれに気づくのは遅かった。でも、挫折が早かったからよかったのかもしれない。サッカーではるかにうまい人がいたり、足をやられて断念したり。自分は、うまい人より努力していることだけは自信があった」

「レールに沿って競争しているだけでは、視野が狭くなる。その点、輝哉との出会いは新鮮でした。アイツは〝人間として自己実現できる幸せを求める〟ことが本質にあって、〝他人とちがうモノサシ〟で生きていて、ゴールももう少し先を見ていた。ゴールをどこにおくかが大事だと思う。東大に入るというのは手段なのに、それをゴールと勘違いしている人が多い。こういう研究をしたいから東大に行くというならわかるけど。〝いい大学〟じゃなくたって、目標に向かって行けるならいいし、大学という手段じたい間違っているかもしれない」

ここまで読んでいただいたなかで、弘樹の関心があまりにも拡散しているように感じた方もおられるかもしれない。しかし、一見異なるジャンルのことを手広くやっているように見えて、彼のなかでは一貫した何かがあるように思える。

「自分は大学では心理学を学んで、人間の方がテクノロジーより好きなのに、あえてテクノロジーの世界に入った。その最先端に入れれば、テクノロジーも変えられるかもしれないと思った」

「いまはクラウドソーシングの考え方に惹かれます。フリーランスで好きな時にお金を得ながら生きていく。ノマドに近いのかな。企業に勤めるんじゃなくて、料理とか一人ひとりの得意分野で生きていく。そういう働き方のイノベーションを現実にしたい。その方が、より民主主義なんじゃないか。〝組織や大企業といった集合体より、個人個人が力をもって、そういう一人ひとりが、目的に応じて対等につながっている〟という感覚」

実は、私はいまだに試験問題などのプリントを手書きで作っている、都立高校に棲息する絶滅危惧種だ（危惧されてない？）。この本の原稿だって、還暦祝いに息子夫婦からもらったペリカンの万年筆で書いている。基本的にパソコンはどうも性に合わない。そんな私を喜ばせる一言が、彼の口から出てきた。

「ＰＣを廃止した会社もあるんですよ。ネット検索をやめたら売り上げが二倍になったという話もあります。試験問題も、ＰＣで作るのと手書きで作るのと、思いの伝わり方がちがいますよね」

弘樹には、２０１４年7月と２０１５年1月の2回取材した。２度目の取材の後、彼から届いたメールを紹介して、弘樹の項を閉じたい。

小泉先生
昨日も、素敵な時間をありがとうございました。

最近思うのですが、大人になっていつの間にか、自分の中に、今までの成功パターンや固定観念が出来上がってきて、知らないうちに自分で自分を縛っているなと。

原稿を読ませていただいて、過去の出来事に誇りを持てる自分がいましたが、それ以上に、今を誇れるものにできているのか、って何回も問いかけていた気がします。

まだ、ぼくも先生もこれからです。

常に誇れる自分でありたいですね。

頑張りましょう。お互い。

山中

（3）農業の新しい可能性で地域の再生を目指す島袋輝哉

高校での出会い

２０１４年5月、私が乗っている高速バスは「北アルプスパノラマロード」を走っていた。左手の車窓には、手前に美しい春の山肌、奥には雪をかぶった高山が広がっていた。車道の左右には、鈴懸のような白い花をたくさんつけた木々の並木が続いていた。

陽春、という言葉がぴったりだった。私は輝哉と打ち合わせて、いま彼が農業をやっている長野で落ち合うべく、快い一人旅を味わっていた。その中で、いつしか記憶の糸をまさぐり、彼との出会いを思い出していた。

２００６年、三年生の彼を初めて担任し日本史を教えたが、二年生の時から彼には強烈な印象を持っていた。とにかくエネルギーの固まりのようで、「環境委員会」つまり、全校のお掃除担当の委員長をやっていた。「とにかく学校中綺麗にしまーす」といったノリで、放課後の廊下とか教室のドアのレールを、「こういう所に、埃がたまるんですよねー！」とか明るい大声を出しながら、仲間と一緒に「掃除しまくっていた」ような気がする。

黒メガネのつぶらな瞳で、いたずらっ子そうな笑顔をたたえて、でも頭の中はひっきりなしに何か考えていて、好奇心旺盛で、苗字からいって親が沖縄で……そんな印象だった。卒業した後、本人が言っていたが、高校では、最初の2時間くらい授業を聞いて、教科書などを説明しているだけで工夫のないものだったら、「あ、これは寝る授業だ」と寝てしまったそうだ。そういう科目でも、成績はしっかり5段階の4くらいとってしまうような生徒だった。幸い（？）私の日本史は起きていたが、一番のお気に入りは現代文で、論説を読ませて自分の意見を書かせたり、ガンガン生徒同士議論させたりする授業だった。

私の授業の最中にも鋭い突っ込みを入れたりしてくれたが、いま一番印象に残っているのは、「総合」（総合的な学習の時間）のある授業をきっかけに、東京の十条にある朝鮮高級学校（日本の高校にあたる）の生徒たちと交流したりしたことだ。当時のＤ高校の「総合」は、クラスや科目の枠を外して、平たく言えば「各教員がやりたいことをやる」科目だった。私は「ビデオで見る社会」というタイトルで、映画やドラマを見せて感想文を書かせ、それをもとに議論することをやっていた。

ある時、輝哉が、「次、『パッチギ！』見よう！」と言い出した。「どんなの？」と聞いてみると、なかなかよさそうである。レンタルビデオ店で借りてきて、生徒たちに見せる前に見て、「こりゃ、すごい！」となった。「パッチギ！」とは朝鮮語で「頭突き」のこと。１９６８年（私が高二！）の京都を舞台に、日本の高校生と在日朝鮮人の高校生がえんえんと喧嘩を繰り広げるシーンを縦糸に描き、それと交叉して、主人公の日本人男子高校生（演じるのは塩谷瞬）が朝鮮の女子高校生（沢尻エリカ！）に恋したり、そのなかで朝鮮人への差別が描かれたりする井筒和幸監督の傑作（２００５年公開）だった。

生徒たちにも大ウケだったが、さて、見終った後の議論は重苦しいこう着状態に陥った。ちょうど、中国や韓国の「反日」の動きが盛んに報道されていたころである。「なぜ、いがみ合いをとめられないのか」「どうしたらいいか」。私も生徒たちと一緒に、「うーん……」と困っていたら、ある男子生徒が「そんなの、話してみたらいいじゃん」と言った。私は意味がわからなくて、「え？」と聞いたら、彼はこともなげに「だから、ここで俺たちだけで考えるんじゃなくて、日本と朝鮮の高校生同士、直接話したらいいじゃん」と言った。「そうか！」と私も思った。早速知り合いに問い合わせ、東京朝鮮高級学校に電話を入れた。「あの～、こちらは東京の都立××高校の小泉という者ですけど、うちの生徒たちが、そちらの生徒さんたちと交流したい、と言ってるのですが……」

「わかりました。係と代わります」

え、なんかコワモテのオッサンだったら嫌だなぁ（電話だけど）と思っていたら、「代わりました。私が……」と鈴を転がすような（たとえが古いなぁ）妙齢の女性教員の声が聞こえ、思わず前のめりになって（不純だなぁ）顛末を話すと、「そういうの、こちらも望んでいたんです。先日も、私立□□高校さんが来られて……」。お、うまくいきそうだと早速訪問の候補日をいくつか決めて、次の「総合」の時間、「小泉と一緒に誰が先方を訪問し、今後の交流の仕方を打ち合わせるか」話しあったが、予想に反して誰も立候補しない。経過は忘れたが、とにかくその代表は輝哉ということになって、「女子も1人いた方がいいでしょ」ということになったら、輝哉が「考えてみます」と答え、後日、「ビデオで見る社会」の授業をとっていない女子を代表にしたという。「人間はみな、私と同じように、不純な動機から行動する」と思い込んでいる私は、「輝哉の彼女かな?」としか思えなかったが、どうも、こういう時の、「いまどきの子どもの、『人を見る目』はすごい!」と感じることが多い。これは輝哉に聞きそびれているが、なぜ彼女を選んだのか、いまから考えると、輝哉や私がどちらかと言うと〝ノリ〟で行動するタイプであるのに対して、彼女は冷静沈着で、かつ、なかなか鋭い問題意識を持っていたように思う。

３人で十条の朝鮮学校に行った。なごやかな雰囲気ではあったが、話す内容はというと、「○○市では△△という市議さんが、『朝鮮学校の前に横断歩道がないからつけてあげよう』と言ったら、すごい嫌がらせや脅迫電話があったそうです」「なにか日朝、日韓で問題があると、チマチョゴリをナイフで切られたり……」といったテーマで、D高校生と比べると言葉づかいから何から、とにかく「大人っぽい」のであった。

後日、互い学校の希望者同士の交流会を開いた時は、手作りの朝鮮料理に舌鼓を打ち、こちらの高校生からも、「北朝鮮の核開発や『拉致』をどう思いますか?」などと質問が出て、「悲しいです。やめてほしいと思います」などといった答えに共感しあったりしたものである。さらにその場で、「今年は、創立60周年記念の芸術公演があります」と招待を受け、そこに行ってハイレベルな演技に驚いたり、都立D高校生の一団に注目した日本テレビの取材を受けたりして、インタビューに答える輝哉たちの姿がアップでNTVニュースの全国放映されるおまけまでついた。

卒業後、この時の体験を輝哉は、「あの時、一番ノッていたのは先生だった。僕たちは尻込みしていたのに、『いーじゃないか! 行ってみなきゃわかんないよ。行こう行こう!』って、先生が一番テンションあがってた」「生徒たちを信頼する先生がいてこそ、生徒たちの力が引き出される。今の教育に求められているのは、そういうことなんじゃないか」などと語っていた。そして確か、「あの体験が僕の人生を変えた」くらいのことを言っていたような気がするのだが、この本の取材で確かめようとすると、「そんなこと言いましたっけ？」と言われてしまった。念書でも書かせておけばよかったなあ（冗談）。

大学生時代の輝哉

大学で輝哉は、持ち前の好奇心と行動力を存分に発揮した。二つのことを書きたい。

一つは、父親の出身地の沖縄にドキュメンタリーDVDを作りに行ったこと。「一枚欲しいんだけど」「本当ですか？　光栄です」。見てみたら、沖縄の米軍基地に対して賛成の立場と反対の立場の両方の政党や地主に取材するシーンや、輝哉の父親の実家で歓待されたり先祖の墓参りに行ったりするシーンの間に、降り続く雨を長いカットで撮って輝哉たちの心象風景を表しているようなシーンが挿入されていたりして、結論を急ぐのではなく、「どう受け止めたらいいのか」「人間って、どんな存在なんだろう」と、自問しているような印象を受けた。

もう一つはさきに書いた、弘樹たちとのインタビューリレー。「最初の入り口は、先生からね」と、輝哉と別の大学に通う「オポーネル」のメンバー、D高校卒の「オポーネル」のメンバー（私は彼と直接のかかわりはないが、彼もこの本に載せたいくらい独特のキャラの持ち主）の3人にインタビューされた。「教師になるまで」「教師になった理由」「本来の教師の仕事とは？」「人生のターニングポイント」「伝えたいことは、何か」といった質問に答えると、また突っ込みがきた。

輝哉たちが「リレー」と呼ぶのは、私へのインタビューが済んだら、今度は私が、「輝哉たちに引き合わせたい大人」を紹介して、輝哉たちはそこに行き、そこでまた次の人を紹介され……といった方式を指しているのだ。私は「都立A高校の同僚だった教員で、『日本の地理教育を変えた人』と私が考える人」など3名を推薦した。そのうちの1人、カフェレストランの店長の取材に行った時、そこに居合わせた客から、美術学校の校長、有名出版社の社長などを紹介されて会ったという。取材は実現しなかったそうだが、ある大手新聞社の社長も紹介されたそうだ。輝哉の構想は、そのインタビュー内容をインターネット上に載せて、それに共鳴する人たちを集めて話し合う会を開く、そうやって人と人とをつないでいこう、というものだった（実現はしなかったようだが）。

弘樹は、このインタビューリレーで学んだこととして、「世界が広がりました」「学校で学べることよりリアルだった。そういう『学び』があった」と語っていた。

輝哉は、「インタビューリレーを通して学んだことは何だったのかな？」という私の質問に、こう答えた。

「この取り組みの軸として考えていたのは、魅力的な人たちの人生の失敗談や転機、人生の軸としている考え方や、その考え方に到達するまでの経緯を聞くことでした。それによって、僕や読んだ人自身が、人生の目的や、生きる上での哲学を構築・確認し、人の失敗を頭に入れておくことで、『理想の自分』に到達できる近道となるのではないか、と考えていました。

しかし、実際にインタビューしてみて一番驚いたのは、『近道をするためには、避けよう』と思っていた『失敗』に対する向き合い方がみなさん尋常ではなかった、ということです。本気で生きてきたからこそ、大きな失敗、苦悩、挫折、絶望、苦痛などと出会い、そこから決して逃げることなく対峙し、それを原動力に各人が行動していたのです。

もっと自分が成長したいと思い、沢山の人に話を聞けば聞くほど、『良いとこどり』をしようとしていた自分の甘えや弱さが露わになったのです。ある人から、『戦うのは他人ではなく、自分の甘い誘惑だ』というメッセージとともに、『克己』という言葉を教えていただき、心に刻み込みました。

『ヒトの可能性を信じる・可能性を追求する』というカッコつけた抽象的な僕らのコンセプトを一言で言えば、『あなたに出会えてよかった』ということでした。出会った人の良さを見つけ、自分も出会えてもらえてよかったと思ってもらうように表現できる、そんな場を創り出したかったのです。

僕たちが嫌いなあの人も、どっかでは人気者かもしれない。僕たちは、ヒトを計るモノサシなんか持っていなくて、あるのは自分と向き合う心だけ。全ての人に『あなたに出会えて良かった』と言えるようになるように、言ってもらえるように、日々『克己』を思い出しながら一歩一歩進んでいます。これも、沢山のヒトに出会えたからこそ、思えたことでした」

輝哉のいま

大学卒業後、輝哉は青果市場に就職した。後に結婚する女性は長野県出身で、実家は農家だった。彼女のお父さんは、農業のかたわら市役所で働いていた経験を生かし、地域の子どもやお年寄りのためのＮＰ

Ｏ法人を設立した。地域の学童などでは受け入れが難しいと言われた自閉症やＡＤＨＤの子どもたちを中心に学童保育をする施設を運営し、地域のお年寄りを中心に昼・夜と宅食を行うお弁当屋さん、この二つの事業などをおこなっていたが急逝されてしまった。そこで彼は、彼女の実家近くに移り住んだ。そして２０１４年5月、私は彼に会いにバスに揺られていた、というわけである。

「やあ先生！」高校生のころと変わらない人なつこそうな笑顔に迎えられた。「きょうは、僕がつながりを持っている人たちのところを回りながら、やろうとしていることを説明します」

シャッター通りになっていない、いきいきした商店街に案内された。

「こっちに来て1年目は、農家のコメ作りを体験して、冬はこの酒造会社さんで酒造りをしました。２年目は、ここからはだいぶ離れた場所なんだけど、大規模農家の大きな畑で野菜作りをしました」

「僕がやりたいのは、加工して販売すること。ジャガイモからコロッケ作ったり、サツマイモからスイートポテト作ったり。蕎麦屋さんがすごく腕のいい方なんですけど、今度店を閉めちゃうんですね。その厨房使っていいよって言ってくれたんで、そこを加工場にして」

「この辺も休耕地が沢山あるんです。先生わかりますか？　耕さないでいると、草が生え、木が育ってきちゃうんですよ。この地域、人口も仕事も減り続けている。耕作放棄地が増えて、どんどん荒廃していく。何も手を打たなかったら、農業やってる人の高齢化も進んでいくばかりです。

だから、まず小さな農地を、主婦や定年後の人たちや障がいをもった人たちに耕してもらう。死んでいた土地が価値を生み、生きがいが生まれ、経験者と初心者の新しいコミュニティができる。作ってもらったものは、自家用消費にあてたり近所に配ってもらう、余ったら僕たちが買い取る。これは、〝あいている時間に空いている畑を〟プロジェクトと名付けました。

次に、耕作で生まれた価値を、地域の子どもたちに還元していく。具体的には、2か月に1回程度講師を招いて、この地域の子どもたちに無料で講演していただく。講師の方には、お金でなく、交通費・宿泊所・生産された作物や地域の事業者から寄付いただいた特産品の提供、という条件で来ていただく。これは、〝畑と未来に種をまく〟プロジェクトと名付けました。

こういったことで、荒れていく土地の保全を図り、生活と農業の共存をやって、子どもたちが〝一流〟に触れる体験ができる。住みやすく、子育てにいい！　といった地域になれば、と思うんです。

僕たちが主にやることは、地域で生産してもらった食材を買い取って加工し、移動販売車で販売すること。この地域の産物にこだわり、この地域の良さを発信する。

今のところ、さっき言ったコロッケやスイートポテト以外に、季節野菜のスープやピザ、米麹と水だけでつくった甘酒なんかを考えています。そして、この地域を訪れた観光客の人たちをメインに販売しようと、近くの温泉郷などに提案しているんです」

「地域の子どもたちが、やりたい！　と思った時、そこにやれる畑がある、という状態を続けたいんです」

彼は、プロジェクト全体を宮沢賢治の「ポラーノの広場」にちなんで、「志　ぽらーの」と命名した。

蕎麦屋さんの、ピカピカに磨き上げられたもと厨房に行った時の、ご主人の笑顔と言葉が忘れられない。

「いやぁ、輝ちゃんの笑顔、いいねえ。一生懸命だもん、応援したくなっちゃうよ」

「でもね、そんな簡単なものじゃない。簡単にうまくいくわけない」

「でも、いいじゃないか。うちのこんな厨房（いや、かなり広くて立派なのだが）でよかったら、どうせ何もしなかったら、無駄になっちゃうんだから」

以前はスキー場に続く道に面していて、その道は深夜まで、いや早朝まで、スキー板を積んだ車が列をなして、この蕎麦屋さんにも客が絶えなかったそうだ。

『いいよいいよ、寝てっても』って、スキー場が開くまでお客さんを店の中で寝かせたり。こっちは、一晩中そば打って寝る暇なかったけど……いつ寝てたんだろ？」

それがいまは、スキー場へは別のバイパス通りができてしまったそうだ。それでもご主人の味を求めて他県からもお客さんが来ていたそうだが。

「うん、もういいの。でも、そうやって思ってたら輝ちゃんが、『え〜？　いいんですかぁ……。お願いします！　使わせてください！』って頭下げてくれてねぇ……。うれしいじゃないか」

輝哉のその後、私も目を離さず見つめ続けていきたい。

第5章

人生最後の担任でのサプライズ

石田梓、青山翔、畑中諒　20歳

（1）予想外のエンディング

ここに、1冊のアルバムがある（資料⑤）。表紙には、「小泉先生　H23年1年2組一同」。最初のページには、高校入学直後に撮影したクラス写真と、入学早々西湖に行った遠足のクラス集合写真。ページをめくると、生徒たち一人ひとりの写真と、各人が小さなカードに書いてくれたメッセージ（資料⑥）。表紙カバー裏には、女子のHR委員だった梓の手紙入りの封筒が入っていた。手紙はこんな文章。

小泉先生へ
はじめに……一年間有難うございました。この一年間はあっという間で自分でも驚いています。

私はHR委員をやっていて、最初はとまどいもあったけれど、小泉先生や畑中くん（男子のHR委員である諒—著者注）、周りの人達に支えられながら、やりとげることができました。

今では、一年二組のHR委員で本当に良かったと心から思っています。それに、まだ一年生なのに、こんなにも「このクラスを離れたくない」と思った人達が二組の中にたくさんいたので、びっくりしました。そして、とても嬉しく思いました。これも全て小泉先生が二組一人一人のことを考えて、クラスをまとめてくれたおかげです。私は、心の底から小泉先生のクラスでよかったと思っています。

アルバムは私の提案で、畑中くん、高山くん、谷口くんなどに手伝ってもらい、作成しました。

資料⑤

資料⑥

タオルとパイの実は皆でお金を出し合って買いました。ちょっとした物ですけど、大切に使ってもらえると嬉しいです。

小泉先生、楽しい一年間をありがとうございました。

H23　一年二組　石田梓

二年生になっても、よろしくお願いします。それと……先生　がんばりすぎないでね。

このアルバム帳を開いて、まず思ったのは、「これ、俺の棺に入れてもらおう」だった。1章で書いた、ずっと生徒たちと「つながれない」ともがいていた若い日のことが、フラッシュバックのように脳裏をよぎった。私はE高校に異動して、人生最後の担任でこんなご褒美をいただけるとは……しかも、三年卒業時ではない。一年生の終わりにこんなドラマチックな幕切れが待っていようとは……。

一年最後のホームルームで

私が勤めた都立高校では、例外なく、生徒たちが一年から二年に上がる時にクラス替えがあった。多くの生徒たちは、少なくとも表面的には、それを淡々と受け入れていった、なかには、「クラス替え絶対反対！」の直訴や署名運動が起こることもあったが、圧倒的な現実の前にはなすすべなく、新しい環境に適応していくものだろう。この一年二組は、ちょっと違った。哀願の数々はもとより、何か月たっても、

「うらみつらみ」をぶつけられたし、卒業して2年以上たった今も、「クラス会やろう」などという声が上がるのだ。担任だった私自身が興味深く思うのは、4月の入学時から翌年の1月くらいまで、〝ちっともいいクラスじゃなかった〟ということである。そのことはまた後でふれるとして、最後のホームルームの情景をここに記したい。

1章の智佳のクラスでもさんざん言われたし、このアルバム帳にも書かれているが、どうも、「小泉のホームルームは長い」らしい。一年二組の「解散」にあたっても、たぶんコイズミ節をぶちかましたことだろう（何分くらい、何を言ったか、は忘れてしまった）。

「じゃっ、みんな、元気で！」と私。実は、ここで何かある、ということは私は知っていた（私へのアルバム等贈呈のことではない）。「先生！」と梓が大きな声で言って、手を挙げた。そして、少し照れたような微笑を浮かべながら、手に何か持って私の方へ進んでくる。すかさず諒も手に何か持ってやってくる。

私はというと、当惑していた。知っていた筋書きと違うのである。正直言って、一年の終了時にこれはないと思って予想もしていなかった。梓は、教壇の上で戸惑う私にお構いなくずんずん進み、満面の笑顔で、「はい、先生。1年間ありがとうございました」と包みを差し出す。諒も彼の専売特許の飛び切りのスマイルを浮かべながら、「ありがとうございました」と包みを私に渡してくれる。

一瞬、私は茫然自失としていたと思う。「うわ……ありがとう」とか言ってフリーズしていると、梓が、「先生、開けてみて」と言うので、紐をほどくと、梓の包みからアルバムが、諒の包みから「おくとパス」という文字とタコが刺しゅうされたフェイスタオルとロッテ「パイの実」が出てきた。

「みんなからのプレゼントです」と2人に言われて、なんか生徒たちに言ってお辞儀したような……全く覚えていない。しかし、次に展開した光景は、今でもはっきりと覚えている。

「役目を果たしたぞ」と充実感を漂わせて2人が自分の席に戻ろうとすると、彩（彼女は、入学後数か月で1章に登場した沙織と2人で、「この学校をやめたい」と申し出た生徒だった）が、すっくと立って右手を前に出し、小ぶりな身体に似合わぬ大きな凛とした声で叫んだ。

「ちょっと待った‼」

今度は、梓と諒がフリーズする番だった。2人にそれぞれ色紙が届けられる。「1年間ご苦労様でした」「ありがとう」という言葉とともに。

諒の表情が忘れられない。色紙を受け取って目を通すや、「おまえら、これ、いつ……？」後は言葉にならない。ツツーっと両目から涙が流れる。梓は何も言わずに泣いている。確かここで、拍手が起こったと思う。私も力の限りに手をたたいた。諒が何か喋り、ほかの生徒たちは無言の笑顔で、それに応えていたような気がする。諒と梓はクラスの良きリーダーで、ほとんどいつもクラスの誰かといたと言って過言ではない。部活動（諒はサッカー、梓はバレーボール）の翌年部長となる2人は、部活動でも忙しかった。

そういうタイミングを見計らって、生徒たちは色紙にメッセージを書きつづった。傑作だったのは、男子生徒に1人遅刻の王者がいて、しかも帰宅部ですぐ帰ってしまう。彼にメッセージを書かせる時など、見張りがついて、諒や梓が教室に来そうになると、「オイ！」とか言って、隠させたりしていたことだ。

私はそういう他の生徒たちの涙ぐましい努力を知っていたし、何より、HR委員に他の生徒たち全員がプレゼントするというのが嬉しかった。「先生も書いて！」と出された二枚の色紙に、私は同じことを書いた。

君はＥ高校の宝です　これからも、いい人生を！

(2) クラス、それは仮想の未来社会の先取り

クラスは変わる、人間も変わる

われわれ教員は、よく「あのクラスは……だ」と言う。私もよく使うフレーズだが、心の中ではいつも留保条件をつけている。「いまのところは、そう見える」という言葉である。

どんなクラスでも、いや、どんな人間集団でも、〝生きている〟〝変化する〟〝いろんなモーメントが、せめぎ合っている〟という視点を失ってしまうと、〝リアルさを失う〟と思う。別の言い方をすると、私はよくこんなフレーズを使う。「その集団を支配している雰囲気は、いまのところ何か」とか、「担任（学級担任や教科担任）としては、それをどう変えようとするのか」と言ったりする。２０１１年４月に梓たちが入学してきた時、一年二組の雰囲気は暗かった。露骨に〝暗い〟オーラを発している生徒が多かった（そういえば、１章の智佳のクラス、４章の弘樹や陽菜たちの一年生の時のクラスもそうだった）。

それから、初めは目立たなかったが、徐々に「非協力女子集団」が形成されていったし、とてもこの本に書けない「ＴＶドラマ真っ青の親子関係」に苦しんでいる生徒が複数いた。いや実は、梓も諒も母子家

庭だったし、後で登場する翔の両親は、翔によれば、「仮面の夫婦関係で、後で離婚したけど正解だと思った」とこの本の取材で語っていた（そういえば、3章で山下愛とお喋りするために集まってくれた陽菜や実奈など6人も5人は片親だった。もっとも梓のお母さんは、「うちは、仲良し、楽しい母子家庭です」と、おっしゃっていたが）。

そういう、暗く、いまどきの、「ちょいワルがカッコイイ」（1章参照）という雰囲気満点のクラスの中で、梓や諒はみごとに、当節はやらないくらいの「正義派」だった。諒は、学年集会（320名）が私語でざわついていると、「静かにしようぜ！」なんて叫ぶ生徒だったし、プリント配布の際に最前列にいたりすると、「ありがとうございます」と頭を下げて受け取ったりする生徒だった。梓は、「みんなで協力しようよ！」というオーラを発しているのだが、合唱祭の練習で指揮をしているときなど、非協力女子集団は口を開けようとしなかったり横を向いたり。すると梓は、きまって右手の腹で（空手チョップみたいに）自分の横腹を叩くのだ。「イライラしているんだろうなぁ」と心配しながら見ていたものである。クラスだけでなく、部活動などさまざまな問題を抱え込むタイプの梓については諒も本気で心配して、時々私に、「先生、梓にあんまり頼らないで。俺に言って。アイツ、いま大変だから」などと、忠告してくれたものである。何度も書くが、「ちょいワルがカッコイイ」風潮のなかで、暗いタイプが多く、まとまりにも乏しく、「何をやってもうまくいかない」クラスの状況に、担任である私は、梓や諒が「こんな学校に来るんじゃなかった」と絶望しないようにすることを、いつしか目標にするようになっていた。

ところが、これは彼らと私の見方が一致するのだが、合唱祭の練習が佳境に入った1月ころから、放課後、教室に残ってお喋りする生徒たちの姿が目につくようになってきた。偶然私が見たときは、中心に梓がいることが多かった気もするが、何しろ彼女は、部活動でも同期のリーダー格である。そうは部活をサボれなかったのではないかと思うのだが。あるいは、「合唱祭の練習」を口実にして……？

それ以後は、あれよあれよあれよで仲良くなって、3月の「最後のホームルーム」にまで、雰囲気が盛り上がっていくのだ。

2014年6月、梓、諒、翔をはじめ7名に集まってもらった。

「一年二組って、どんなクラスだったんだろう？」と聞いてみると、

「マイナスの個性も出せる」「一人ひとりに居場所があった」「一人ひとり明るくなった」「悩みとか、普通に話せた」「楽しく学校に来れた」「メインキャラが、いない」「最初すごく嫌いで、雰囲気を見てて、友達もできないと思ったけど、最終的には楽しく終わった」などの答えがかえってきた。

授業の印象

7名が集まってくれた時、授業についても印象を聞いてみた。（二年生の日本史）

「進まない（進度が遅いということ—著者注）」

「歌とか、『ええじゃないか』とか、一生頭に残る」

「好きだった。一つ一つ印象に残ってるから、テストの時思い出せた」

「試験問題が暗記じゃなくて、考えさせるものだった」

「試験問題が手書きで、〝心〟が伝わってきた。あー、つくったんだなぁって感じだった」

同じ2014年の7月に私はある研究会で授業について発表したが、誘ったら、諒と翔が付き合ってくれた。いま記したことと重複をいとわず書いてみたい。まず、諒から。

「一人ひとりを考えてくれていた。先生の人間性を強く感じた。先生は質問して、『わからない』ではすませない。〝40人の前で発言する〟機会を与えてくれた。中学の社会は用語だけで好きじゃなかった。『知識を入れろ』『覚えろ』というのが、社会の授業だった。

小泉先生は流れが授業の中にあって、歌を歌ってくれたりした。ただ教科書に沿ってじゃなくて、教科書を先生なりに分析して、わかりやすく教えてくれた。暗記だけじゃわからない時代の背景を関連付けて教えてくれたから、内容が頭に入ってくる。テストは論述で、史料とか写真を使って、その時代をわかりやすく説明しなさいというものだったと思う」

翔は、こう言った。

「受け身じゃなくて、〝自分から考える〟授業だった。中学の時は、暗記になってた。それだとテストが終わったら何も覚えていない。小泉先生のは記憶に残る授業だった。

テストが記述問題だったのもいいと思う」

研究会の参加者から質問が飛んだ。「こういう場に卒業生が出てくる、っていうのがすごい。なんで来たの？」それに対して、諒の答え。

「いま大学はテスト期間なんですけど、こういうの経験する機会がないんですよね。僕は体育の教員を目指しているんで、学べる機会は〝おいしい〟と思って来ました。

僕はずっと、〝答えを求めていた〟ところがあって。でも、いろんなことに〝正解ってないのかも〟って思っています。疑問を持って考えて、その結果、自分は何を言いたいのだろう、と。たとえ教員になれなくても、学んだことをどう生かしていくか、が肝心じゃないかと思うようになりました」

翔の答え。

「社会勉強として来ました。人とディベートする機会ってあまりないから、こういう場は新鮮です。小泉先生には感謝しています。先生の力に少しでもなれたら、という気持ちもあります」

そして、逆に参加者たちに諒は、「今の生徒を見てて問題だと思うことは何ですか？」翔は、「いじめが起こったら、どうしますか」と質問していた。

(3) 梓、諒、翔たちの、いま

不安

2014年6月に7名で集まった時、1人の女子が「いま大学二年で国際系の勉強してるんだけど、就活が近づいてきた感じで、でも将来何をやったらいいかわからなくなって、現実を見ると不安」と言ったら、諒が「うん、遊んでられないって感じだよね。」と言い、梓も「心配になっちゃう」と応じた。この瞬間以外は「一人語り」が続いていたから、「共通した、ホンネの不安なんだな」と、感じた。また、梓は、奨学金の不安を口にした。「いま、月12万円ずつ借りているから、600万円くらい返さないといけない。私は、小学校の時にもう〝先生になりたい〟って決めてたし、いまの大学は小・中・高すべての免許が取れるというところに行ったから、もし先生になれなかったら、これまでの苦労がパーになってしまう」。なんか、とても気になった。

2015年1月、私からの追加取材の申し入れに梓と翔が応じてくれた。奨学金のことから聞いてみる。2人とも月12万円借りていた。翔によると、

「年一回、継続手続きが必要なんですけど、今年からシステムが変わったんです。それで、スカラネットパーソナルっていうところから、『継続手続きができてない』って通知が来て、びびった。必死に問い合わせたりしたら、『システム改善のため一時停止してた』っていう向こうの落ち度だったみたいで。でも、それに入っていないと、奨学金の手続きに入っていけないんです」

梓の話。「奨学金って、20年くらいで返さないといけないんだけど、返せないでいる人も結構多いみたいで。でも、奨学金有り難いよね。しょうがないかな。借りたものは返さないと」

そこで、2人は異口同音に「学費高すぎるよね」。翔は「それに見合った授業してるかっていうと……」。梓は全て必修で取る科目が指定されているそうだが、「空き時間がもったいない」。

いやぁ、大学出たら20年間ローン人生かぁと私は思ってしまった。「この前テレビ見てたらさぁ、ドイ

ツとかフランスとかの学生が、『大学でお金とられるってワカンナイ』って言ってたよ。ヨーロッパの方じゃ、税金は高いけど、学校とか病院とかタダだし、老後も安心って国があるみたいよ」と私は言って、話はいまの政治へ。

「政治家全然わかんない。この前の選挙もディズニーランド行ってて投票行かなかった」（翔）

「私も忙しくて投票行けなかった。小六の弟がちょっと前の選挙の時、『自民党も民主党も、相手の悪いことばかり言う。決まったら、協力すればいいのに。国のためじゃなくて、自分のためしかないってイメージ』と言ってて、ホントにそうだなって思った。いまの政治家にいいイメージ持てない。勝手にやってて、言ってること意味わかんない」（梓）

「政治家は、自分たちだけでやってる。国民の意見をもう少し取り入れて、一緒に考えてほしい。若い人にもっとお金を使って、授業料もうちょっと安くするとか。大学に行ける人を増やすとか。そうしたら、将来の日本を担う人が出てくるかもしれない」（翔）

期日前投票の話をしたら、翔は知らなかった。梓は知っていたが、「忙しくて…」と言っていた。

人間関係づくりは楽しい

政治の話では2人の声は重く苦しいトーンに終始したが、一年二組の思い出などの話になると、がぜん目が輝く。

「今日も俺の本の取材やってるわけだけど、こんなこと書いてほしい、なんていうのある？」と思い付きで聞いてみると、翔が、「目立たない子どもでも頑張っている、っていうところ。クラスの中心じゃないけど、人それぞれ考えてる。話してみると、気づくんですよね。そういう人を見捨てないでほしい」と言うので、私が、「翔はセンスあると思う。実力あるよ」と言うと、「先生〜、それもっと早く言ってくださいよ〜！　僕の高二から卒業1年目まで、『失われた3年間』だったんですから〜‼」と恨み言をぶつけられてしまった。

書きそびれていたが、私は一年二組の担任からクラス替えをして、翔や諒からは離れ（授業は教えていた）、梓だけは二年でも担任していた。そこで定年退職の年齢となり、その後「再任用教員」として三年担任までもつつもりでいたが、秋に癌の発病がわかり、しかも悪性度が高かったので、二年で担任を下り、担任などのない現在の「非常勤教員」という道を選んだ。そうすると梓たちのE高校からは異動しなければならない。２０１２年4月から私はE高校を離れ、いまのF高校に異動し、幸い癌の再発・転移は今のところないようで、元気に日々を送らせてもらっている（２０１５年4月現在）。

梓は、「人間って、関わらないとわからない。外見で合わないと思ってた人が、話してみると……ってこと、高校と大学で学んだ気がします。大学の先生が、『イエス、はい、喜んで』って、よく言うんですよ。（翔が、『50、80、喜んで。だね』と言うと、梓は、『そうそう、そのノリで』と答えて）何でもいい、飲み会でもいいから、参加すれば、意外な面を知れるし、人の輪がつながるし」。それに続けて、「普通だと、私みたいなHR委員と目立たないタイプの人ってあんまり話さないと思うんですよ、でもいま、こうやって翔と普通に話せるのがスゴイ（翔は目立つタイプの生徒ではなかった―著者注）。やっぱり、一年二組はすごかった！」

私も思い出していた。クラス替えで、もちろん一年二組のメンバーは四分五裂した。その学年は８クラス。新二年のＨＲ委員は男女各1名で16名いたわけだが、そのうち８名を一年二組出身者が占めたのだ。梓、諒はもちろん、翔もＨＲ委員になった。ただ、これには後日談があって、翔にとっては、「失われた日々」になってしまったし、途中退学した女子もいたのだが。あと、各部の部長、各種委員会の委員長などにも、一年二組出身者が名前を連ねた。ある教員は「あの生徒たちが、Ｅ高校を変えた」とまで言ってくれた。私にとって誇らしかったのは、そのセリフを諒に伝えた時、彼が照れたり謙遜するのでなく、「僕もそうだと思います」と、胸を張って答えたことである。

一年二組の話になって、翔も「雰囲気作りがうまくいったと思う。一年二組は素《す》が出せたよね。一年で終わるのはもったいなかった。ふつう高校入学して、一年生ってあんまり自分を出せないからわからないじゃないですか。あのメンバーで、二、三年持ち上がりのクラスだったら、もっと面白かった。みんなメンバーそれぞれ、楽しかったなぁ」

梓は「神山や高田の存在が大きかったと思う。諒は『俺たちが嫌われ役をやろうな』と私に言っていたし、諒も私も引っ張っていくのに精いっぱいだったけど、あの子たちが、おとなしい人や日立たない人に声をかけてくれた。初めはグループの中の個々が仲良かったけど、グループ同士の壁があった。それが、グループ同士仲良くなって、クラスの大きなまとまりが違和感なくなった」と言った。

翔、梓、私の３人で意見が一致したのは、「沙織と彩が、途中まで壁つくってたよね。でも、ＨＲ委員への「感謝の寄せ書き」のリーダーシップをとってたのは、彩（さきに書いた「ちょっと待った！」を言った生徒）だったんじゃない？」ということだ。「文化祭で全然人が来なくて、そうしたら、クラスのみんなでって感じで裏でトランプやってたりして。なんか、やる気のない団結みたいな」。

私も印象的な光景を一つ思い出して、一見暗い感じを受けるある女子生徒が、クラス最初のホームルームで自己紹介した時、「私はこんな表情をしているんでよく誤解されるんですけど、友達ほしいと思っていますんで、話しかけてください」と言ったよね、と2人に言ったら、「『話しかけてくれたら、笑います』って」と、翔がその時のセリフを覚えていたので、びっくりした。

翔は、2015年2月から、ニュージーランドに4ヵ月留学に行くという。私が、「なんにも先入観を持たないで、真っ白で行ってごらん。そこで自分が何を感じるか、そこからスタートするために」と言ったら、「はい、そのつもりです。一緒に行くメンバーがいいヤツばっかりなんで、ホームステイ先は別々ですけど、すごく楽しみです」と答えた。

梓は、ソフトバレーボールという種目の全国大会に、東京都代表として出場するという。みんな20歳になった。翔に先んじて留学している紗枝の帰国に合わせて、そしてこの本の出版祝も兼ねて？　一年二組のクラス会を居酒屋でやろう！と盛り上がった。

2015年1月、3回目の取材が2時間半かけて終わって、「なんか食べようか？」となり、私が「まぐろ丼と半熟卵入りそば」を注文すると、梓と翔はニヤニヤして、「先生らしい～」と笑う。「え、なんで?」と問うと、「ごはんとそば、両方頼むとこ」。

そ、そこまで彼らに見抜かれていたのか……（絶句）。

私が、かつ丼よりカレーライスより、カツカレーを注文するタイプだということを、いつの間に……（脱帽）。

第6章　2014年の中高生と私

（1）中高生たちが抱えている闇

翔の一言から

この本の取材のために現役大学生である翔たちにメールを送った際、私の感覚では「あり得ない」感じで、返事が遅いことが何回かあった（私は依存症ではありません。念のため）。

「なんか、最近の若いヤツって、メールの返事なかなかくれない気がする」とボヤいたら、翔は「すみません。メールあんまり見ないいんで」と言う。「え？　何それ」と私。

「ＬＩＮＥばっかりやってるんで」と翔。私が「なんで？」と問うと、「ＬＩＮＥは無料だし、メールよりめんどくさくなくて、すぐ何人にも送れちゃうし。早く済むし……」と答えた。

「ＬＩＮＥ」なんて代物をやっていない私は、初歩から教わって、「ふうん、便利なんだぁ」とつぶやくと、翔は意外なことを言った。

「ＬＩＮＥは、来たらパッと開いて、パッと返せて、何も考えないで気楽です。でも、機械が進化しすぎている気がする。僕は、ＬＩＮＥより電話がいいと思う。周りでもそういう意見多いですよ」

まだよくわからないので、５章の取材の時、梓にも聞いてみた。「ＬＩＮＥって、他の人の文を見ると、『既読』ってつくんですね。すると、『早く返さないと』って気になる。メールなら放っておいても大丈夫だけど。自分の時間はとられちゃうし、依存症になる人も出てくると思う」「絵文字なしだと、『怒ってるのかな?』と感じちゃったり、感じられちゃったり。表情が見えないから疲れちゃう」。そこで翔も、「電車の中、異常ですよね（私の感覚と一緒だ）。メシ屋でアルバイトしてて感じたんですけど、子どもがいるのに親がスマホの方に気を取られてる。これって、スマホになってからですよね（横で梓が、『そう、そう』とうなずく）。ガラケーの時にはなかった」

そう言えば、この本の取材の途中、智佳もこんなことを言っていた。

「携帯が出てきて危機的だと思います。世の中全体として、人のとらえ方のレベルを下げてしまっていると思う。たとえば、こんなことがありました。

夜、『ごめんね』とメールしたら、相手から、『全然大丈夫（笑顔の絵文字）』と返事が来た。もう一度、『本当にごめんね』『だから大丈夫だって』というやり取りがあって、翌日教室で顔を合わせてみたら、『大丈夫』という返事をくれた相手の顔つきは全然大丈夫じゃなくて、教室にいづらくなったという生徒がいたんです。

携帯の画面上の文字などは、微妙な心の揺らぎとか伝えてくれない。でも、リアルに喋るのは、ムダなこと沢山喋る人もいるるし、おっくうだからつい携帯に頼っちゃう。

私自身は、〝本気のぶつかり合い〟を自分なりにしてきました。ケンカした後でも、関係を修復しようとしたし、そうできる自信もあったし、そういうことが、脳の能力を発達させたりすると思うんです。

いまの中学生を見ていると、軋轢とか混乱とか五感で感じるやり取りといったものから、遠ざかっている子が目立ちます。『本音を伝えたいから携帯を使う』って言うんですよ。伝わるわけがないじゃないですか！

私のいる保健室では、リアルな関係しかあり得ないんです。〝確実な関係性の最後の砦〟って思っています」

3章で書いたように、私は智佳や舞たちと学習会をやっているが、今回の取材と並行して、〝スマホ・SNS時代の変化〟というテーマを選んでやってみた。智佳や舞だけでなく、さまざまな職場から出された実例は、私の想像をはるかに超えるものだった。

「LINEは無料だから負担感がなく、えんえんと長時間使っている」

「リストカットやって動画で載せて、『死にたい』という文をつけたら、テンポ良くコミカルに『こんなのは、どうです？』といった文が続いていった」

「『コイツちょっと変わっている』と思うと、写真や動画をその場で撮って、すぐネットに載せてしまう（↓全国へ）」

「『コンドームってどんなの？』とかエロ画像とかを、男女のグループでコミカルにやり取りしていた」

「LINE外し、ツイッター上での悪口やいじめで不登校に（『アイツむかつく』と書き込まれると、『私のことではないか』と不安になる、という訴えもあった）」

「ホームルームでの話し合いがうまくいかなくなると、『先生、あとはＬＩＮＥでやります』と言うから、『え？　ＬＩＮＥには全員入ってるの？』と聞くと、平然と『入ってません』と答えた」

「家族での食事で、一緒に卓を囲みながら両親も含めてみんなそれぞれスマホをいじっている。子どもは、『1人でも寂しくない。スマホに友達がいるから』と本気で思っていた」

「写メの高性能化で、授業でノートをとらないことが普通になってきていて、試験前によくノートをとっている生徒のところに、1人『写メで送って！』と書き込むと、『ボクも』『私も』……頼まれた生徒が精神障害になってしまった。面と向かって、『ちょうだい』とは言えないが、ネット上では軽いノリででてきて、ＬＩＮＥでみんなでやっていると、当たり前という感覚になる」

「ツイッターやフェイスブックなど、〝常に不特定の他者に見せている人間関係〟では、他人の人間関係、行動、つぶやき、評価などが、いつも気になってしまう。誰が誰にこんなこと言ってるとか、他人が何をしているか、私を外しているのではないかとか気になってしまう。また、フォロワーが何人とか、『いいね』が何人とか、数字が増えると嬉しくなってしまう」など、など。

そこで私が注目したのは、「ここ2、3年の変化に思える。違和感がある今のうちの対処が重要ではないか」という指摘だった。さきに記した、翔や梓の実感とも一致する。そして、舞の勤務校でも、翔のように、「ＬＩＮＥってなくならないのかなあ」と言っていた生徒がいたそうだ。

とにかく他人に気をつかう、自信がない

右の表題に書いたことは以前から感じていたが、携帯の普及、そして最近のスマホの普及とともに、その傾向は病的に異常になってきているような気がする。智佳が言っているように、「目と目を合わせて本音をぶつけ合う」ことから生じる「軋轢」を避けるためか、無料だし便利なためか、SNSを利用したやり取りは増大の一途をたどっている気がするし、そこから、周囲をうかがう傾向も、強まりこそすれ、弱まってはいない、そんな気がする。そして、外国と比べた日本社会の特徴としてよくあげられる「同調圧力」は、ますます強まっている印象を受ける。だからこそ、なおさら気をつかう……もう悪循環である。なかには、「場の空気が読めない」（KY）というタイプもいるが、「それは、その人の個性」とおおらかに見るよりも、その多くは、嫌われ排除されるのが常だと思う。

しかし、こんなに周りばかり気にしていたら、自分に自信が持てないだろう。私は、私なりにこういう状態に抵抗したくなる。

そこで、私は毎年の授業で、あえて「差別」を取り上げる。歴史的に「作られたもの」ではないかということに触れ、その実態まで自分の経験談を交えて話した後で、「なぜ、なくならないのだろうか？」と生徒たちに問いかける。そして、あくまでも私自身の仮説である、と断ったうえで、

「私自身も含めて、誰の心の中にもある、『自分より下の存在を見つけて優越感に浸り、自分より上の存在には委縮してしまう』心性をおかしいと考えて、『各人の価値を認め合ったうえで、他人との比較でなくつかんだ自信』を、多くの人々がわがものにしない限り、差別はなくならないし、本当の自信も得られ

ないのではないか」と提起して、「高校のランク付け」にまつわる、他の高校での生々しい私の体験談を伝える。

同時に、「江戸時代の『五人組』は連帯責任で有名だけど、密告奨励のシステムでもあった。たとえば、ここに五つの農家があって、ある人をねたんだ人が、嘘八百の密告をした、とする。密告を受けた、お代官様とかがいい人だったらいいけど、実際の江戸時代では、ろくに調べもしないで、『見せしめがあった方がこれからの統治にいい』とか考えて、処罰しちゃったりしたんじゃないか……そんなこと、記録には残らないけど、結構そんなものだったんじゃないか、と、僕は思っている。そうするとどうなるか。『周りからどう見られているか（ねたまれたり、変に目立ったりしていないか）』ばかり気になってしまうだろう。こんなシステムが二百数十年も続いて、なくなってからまだ百数十年しかたっていないんだよ。現代にまで影響を及ぼしているんじゃないかなぁ」という授業をやって、生徒たちに感想を書かせている。

２０１４年度の授業では、生徒たちの感想文からピックアップしたプリントに、２章で耕太たちにやらせたように、○などの記号やコメントをつけさせ、それらをまとめたプリントをまた配った。最初のプリントにあった意見のうち、最も○と◎の合計が多かったのは、「自分も周りからどう見られているのかをすごく気にしてしまう。だから自分を出せていないし、精神的にとても疲れる。なのでどうにかして直したいと思う」という意見だった。

毎年、そんなことを私は一言も言っていないのに、「いじめと同じだ」と書く生徒がいる。ただ、私の授業の内容をおうむ返しにするのでなく、「この生徒にとって、自分の問題になったのではないか」と考えられる生徒のものは、必ず載せるようにしている。

同じ趣旨で「小泉先生の意見は、納得できない」というニュアンスの意見も必ず載せる。道徳的に「差別はいけませんね。ハイ、終わり」では、全く事態は変わらない。一番いいのは、紙上討論で生徒同士が意見を戦わせることだが、なかなかそこまでいかない（しかし、数年に一度だったら、そんな展開になることもある。この点興味を持たれた方は、全国民主主義教育研究会編『未来をひらく教育』１３８号の拙稿『授業は、生徒とともに真実をさがす旅』などを参照されたい）。

ささやかな紙上討論であるが、私は、以下のような意見などは、「区別と差別のちがい」に着目した、紙上討論で触発されて出てきた、ハイレベルの、そして、「いまふう」の子どもたちの優しさがよく表れた、傑作だと思うが、いかがだろうか。

「人を区別するのと差別するのは全く違うと思う。区別の中には『関わりたくない』や『私より下だ』という気持ちも含まれるけれど、差別には『自分とは違う生き物』という気持ちがあると思う。ただ嫌いだな、苦手だなとか心の中でバカにしてしまうのは人間だからやめられないだろうし、なくせないけれど、嫌いだからいじめる、苦手だから殺す。これは虫に人がするのと同じ態度だと思う。

区別してもいい、嫌いになってもいいから、それでも、その人に命と心があるという当たり前の事を、みんなが本当に理解してくれたらうれしいです。美味しいものを食べて、美味しいと感じるのも、優しくされてうれしいと思うことも、みんな同じだから。

どんな人も、どんな過去がある人も、どんな血が流れていても、どんな変わった肌でも、目でも言葉でも、一緒のテーブルでご飯を食べて、『美味しいね』って言いたいです」

こういう素敵なセンスの文章などを紹介した後、私は生徒たちにこんなことを語りかける。

「下のランクを探して優越感に浸り、得られるような自信なんて、本物じゃない。自分も他人も、イイ所もワルイ所も、ありのままに見つめよう。自分の至らなさを見つめる勇気と、他人の長所を認める強さを大事にしよう。そうやって人間を中身で見て、他人のイイ所に学び、自分の弱点とたたかって違った自分を発見できたりして得られた自信が、本物だと思うよ（自分の実体験などを紹介しながら）」

(2) 中高生と、どう向き合うか

衝撃の「現実」をどう見るか

中高生の「闇」を書いてきたが、何度も言い古されているように、「子どもは、社会の鏡」である。社会体験が乏しい分、大人よりも問題が直截に発現する気がする。子どもが起こした事件について、テレビのワイドショー的な「なんてひどい事件なんでしょう」と自分は完全無欠であるような語りや、猟奇的だったりする「表面のあらわれ」を追う取材などに、最近の私は怒りすら覚える。……話がそれた。

「はじめに」で書いたように、「何を考えているんだかわからない」「いや、何も考えていないんじゃないか」などと酷評される若者たち。私自身が体験した衝撃の事実を、ここまで読んでくださった皆さんは、どうお考えになるだろうか。

絵に描いたような好青年がいた。高校の推薦入試の面接だったら、10人が10人、最高点をつけるだろう。彼は、入学後も教員たちの前では好青年であり続けた（生徒たちの前では違った一面も見せていたようだが、恥ずかしながら、私にはそれは見抜けなかった）。ところが、その彼がおこなっていたおぞましい行為については、とてもここには書けない。では、彼はモンスターなのか？

こう思われた方もいるのではないか。「そんな、彼の『好青年の演技』くらい見抜けなかったのだろうか。完璧すぎる演技は、かえって不自然だと感じられるのではないか？」もっともなご意見である。いや、当の私ですら、彼と出会わなかったら同じ疑問を口にしていたと思う。今ではこう考える。

「私は、この業界に入って数十年、演技なら見抜く自信はある。しかし、彼の場合、あの『好青年』は演技ではなく、完全に彼の人格の一部そのものだったと思う。だから、見抜けなかった」と。『ジキルとハイド』という有名な話があり、実在の人物がモデルだそうだが、彼の別の一面を知って、それを思い出さずにはいられなかった。私は、それ以来、どんなに素直に見える快活な人格の発露を見ても、まず一度は疑ってかかる人間になってしまった。

しかし、その彼とて、私は、ある意味では「被害者」でもあると思っている。いまの話を大人に置き換えれば、よくニュースになる「学校の先生（校長先生も）が痴漢！」とか、「警察官が下着泥棒」というようなことは、私には「十分にあり得ること」だと思っている。では、モンスターや痴漢や下着泥棒にならなないためには、どうしたらよいか？

私が考える一つの解決策は、「ありのまま、素《す》で生きる」ことである。1章の智佳のクラス、4章の弘樹らのクラス、5章の梓たちのクラスを思い浮かべてほしい。そのクラスの全員ではないにしても、多くの生徒たちにとって、「お互いの価値を認め合い、イイ所もワルイ所も、ありのままに出せて、何でも言い合える、究極の、居心地のいいクラス」だったのではないだろうか（担任の私も含めて）。それが、さしあたり、「私たちが目指す人間関係」と言っていいのではないか。あえて対比的に言えば、私の見るところ、現状での多くの高校のクラス、職場など現代の社会に存在している多くの人間関係は、そうなっていないのではないか。周りからどう思われるか気にして、いつも「この場でどういう振る舞いが適切なのか」という観点で自分の行動を考える。たまに、「ここは、はじけていいんだ」というところでは、「ハッピー・バースデー・トゥー・ユー」の甲高い声のような病的なはじけ方をする……。

私自身はとてもラクになって、楽しい

私自身は、歳をとっていいかげんに（良い加減、ではありません）なってきたこともあるだろうが、それ以前と比べると、智佳たちと出会って以後は、実にラクに生徒たちと触れ合えるようになった。そして、いつしか、毎年入れ代わり立ち代わり接する生徒たちの中から、「先生、カワイイ！」と言われるようになった。

初めは、「おちょくられてるのかな？」と思った。なかにはそんな輩もいるのかもしれないが、どうも

多数派は違う感じだ。わが娘が小学生だったころ、ドクロのキーホルダーを「かわいい」と言うのを見て、「あ、俺たちの『カワイイ』とは、感覚が違うんだな」ということはわかった。それから、好意のニュアンスも伝わってきた。興味をもって眺めていると、生徒たちが決して「カワイイ」と言わないタイプの教員(人数はこっちの方がずっと多い)も見えてきたように思えた。

どうも、大人っぽく取り澄まして生徒と接したり「上から目線」で見ているような教員は、たとえ顔つきが整っていたり童顔であったりしても「カワイイ」とは言われない気がする。その逆に、たとえば、いまの職場(F高校)の同僚で、どう見てもイカツイ系の男性教員がいるのだが、彼などはよく「カワイイ」と言われる。「なんで?」と生徒たちに聞いたら、「リアクションが、かわいい」と、何人かの生徒が言っていた。彼の授業を見せてもらったら、彼が生徒たちに質問して、意外な答えが返ってきた時などに彼が見せる笑顔とか身のこなしなどが確かに魅力的だなぁ、と感じた。普段のイカツさとのギャップもいいのかもしれない。さらに私なりの言葉にすれば、「人間味の発露」といったことにも、通じるかもしれない。実は私も「リアクションがカワイイ」と言われるのだが、それはやはり、生徒たちの意外な反応とかあった時に、「うろたえ」たり(演技ではない。演技はいまどきの高校生は見抜く)、ちょっと大げさなジェスチャーとかをしたりした時に、「先生、カワイイ!」と声が飛ぶような気がする。私にとって一番印象に残っているのは、D高校にいた時、生徒の何かの委員長選出を私が仕切っていた時、他の生徒から推薦された生徒がなかなか諾否の意思表示をしない。生徒たちと向かい合って立っていた私が、彼を指さして「やる?」と聞いても、彼が表情を変えないので、私は指さした右手の人差し指を90度右に回転させて、ついでに上半身を同じ向きに回転させて、また「やる？」と聞いた。そうしたら、私の真正面に座っていた女子生徒が、両こぶしを自分の首の前に持ってきて、両足で床を踏み鳴らしながら、笑顔で、「かわい〜い‼」と絶叫したことがあった。私が53歳の時だった。

２０１４年12月、この業界に入って40年、初めて生徒に書かれた言葉があった。「先生のテストが、もう一回しか受けられないのが悲しい」これは、衝撃的なくらい嬉しかった。私自身が高校生だった時を思い出しても、授業が好きな先生であっても、テストを受けることは嫌だった。この言葉を書いてくれた女子生徒に聞くのは何となく気が引けるので、想像すると、勉強のコツをつかんだりして（と、その言葉の前段に書いてある）、自分の力を出し切ろうとするのが快いって感じだろうか。その前提として、テストが「勉強のし甲斐のあるもの」であって（これは生徒たちからよく言われる）、さらにその前提として、「授業がわかりやすい」ということも必要ではないかと思うが、いかがだろうか。

そのために私がどんな工夫をしているかといったことは、紙幅やこの本の流れの関係上省略するが、とにかく私自身ラクになり、授業に行くのが楽しくて仕方なくなっている。幸せな晩年と言うしかない。この本を読んでいただいて興味を持ってくださった方は、いつでも授業を見に来てください（２０１７年３月までは、都立高校でやっているはずです。２０１５年４月からは、大学でも授業を持たせていただいています）。

第7章

〝いま〟という時代

まとめに代えて

（1）自尊感情の低い若者たち――「草食系男子」の正体

『絶望の国の幸福な若者たち』の読み方

「草食系男子が多い」という指摘は当たっている気がする。それには生物化学的な原因があるのかもしれないが、私には「傷つきたくない」という自己防衛的な振る舞いに感じられる。ちょうど、2章でみたB高校のクラスの大半の生徒が、初め表情を消していたように。そういう生徒たちを見ていて何とかしたくなるポイントは、〝自尊感情の低さ〟である。傷つくのは嫌だから自分が出せず、女性をはじめとする周囲に働きかける気にならないのではないだろうか。

私の見るところ、小学校の途中までは男子も元気だが、高学年くらいから表情がさえなくなる子が増えていく気がする。そうなるのは、〝男性の方が序列社会の圧力を受けやすい〟からではないかと想像している。女性は、男性に比べると「それがなにさ！　美味しいものが食べられればいいじゃない！」という〝開き直り〟ができるのではないか。そうしたことから、大人も含め総じて、〝女性の方が元気に見える〟のではないだろうか。

つまり、子どもたちの中では〝序列社会〟という価値観が、ゆるぎなく貫徹していると感じる。「価値観の多様化」と言われて久しいし、そういう面もあるとは思うが、基底に貫かれているものは序列社会だと思う。だから、常に他人と比べてしまう。いくら序列が上の方に行ったとしても、さらに上がいるのだ。

以前ＰＩＳＡの学力調査でフィンランドの子どもたちの高い成績が話題になったが、あの国の子どもたちには「比べぐせがない」という指摘を聞いたことがある。それが事実だとしたら、なんと子どもたちにとって生きやすく、自分を発揮しやすい社会だろうかと思う。

ところで、２０１１年に『絶望の国の幸福な若者たち』（古市憲寿、講談社）という本が出版された。ネーミングの卓抜さや現代を見る視点の鋭さに目を見張ったが、著者は出版当時26歳の社会学者であり、まさに当事者だ。その彼が、現代の格差社会のもと「不幸」に見える若者たちが、過去の若者たちや現在の他の世代よりも生活満足度が高いことにメスを入れた。２０１０年「国民生活に関する世論調査」によれば、20代男子の65・９％、同世代の女子にいたっては75・２％が現在の生活に「満足」しているというのだ。その心の中を彼はこう表現している。

「ユニクロとＺＡＲＡでベーシックなアイテムを揃え、Ｈ＆Ｍで流行を押さえた服を着て、マグドナルドでランチとコーヒー、友達とくだらない話を3時間、家ではＹｏｕＴｕｂｅを見ながらＳｋｙｐｅで友達とおしゃべり、家具はニトリとＩＫＥＡ、夜は友達の家に集まって鍋。お金をあまりかけなくても、そこそこ楽しい日常を送ることができる」

古市氏の分析そのものに異を唱える気はない。しかし、私の感覚としては、〝そのままでいいのか〟〝そこからどうしたらいいのか〟という問題意識の方が重要だと思う。

古市氏が指摘しているのは「モノの豊かさ」だが、本書の３章で引用した２０１０年国連子どもの権利委員会の報告書では、「こんなにモノがあふれているのに、〝からっぽ〟な自分をいつも感じてしまう」子どもたちの姿が告白されていた。「豊かな生活」と見えるものが、どんなに脆弱な基盤の上に立っているものか(たとえば、日本の国債価格が暴落して、長期金利が暴騰したら? など)という視点も看過できない。

問題の本質は何か

6章で舞・智佳・翔たちが言っていた。「ここ2、3年の変化」「スマホになってから」の変化に私は注目したい。モノが豊かで、とりあえず満足しているかもしれないが、ちょっと見方を変えれば翔が言っているように、「進化しすぎたモノに操られ、振り回されている」状況はないだろうか。いっぽう、さきに書いたように序列社会は厳然としてあり、社会に出れば、格差はどんどん拡大しているらしい。政治にも期待でないとなれば、現状を変えることもできそうにない。……としたら、豊かな「モノ」で〝そこそこの幸せ〟を満喫して、TVのバラエティ番組的な明るさで憂さを晴らすくらいしかできることはない、と〝思い込まされている〟状態なのではないか。6章でみた、スマホにはまっている生徒たちのやりとりが「コミカルに」おこなわれているというのが、状況を示唆している感じがする。社会に出たら、2000万人を突破した(2014年12月26日付け朝日新聞)という非正規社員になれば〝使い捨て〟的に働かされ、さりとて正社員という〝勝ち組〟でも過酷な労働実態……どうも、人間が人間として大切にされていない。

これは、以前から確実に大人社会で進行している変化と共通している面があるのではないか。それは、「パソコンの普及による働き方の(ひょっとしたら、人間や社会そのものに影響している)変化」だ。都立高校の現場では、数年前から「1人にPC1台」になっている。確かに便利なものである。いつでも、リアルタイムにニュースが更新される。わからないことがあったら、ウィキペディアを検索すればよい。紙媒体の辞書をひいたりする手間は確かに省ける。そう、手間が省けるのである。しかしここで、こんな問いかけは無意味だろうか。

「省いた手間は、ただのムダなものだったのだろうか」

1章などに登場した智佳が、取材の時こんなことを言っていた。

「三鷹のジブリ美術館に行ったんですね。そこで、昔といまの労働の違いっていうことを考えさせられました。二階に鉛筆で書かれた原画が並べられていて、『手書きは、いいなあ』って思ったんです。昔は、部活みたいに仕事の合間に歌を歌ったりお茶飲んでお喋りしたり、イラストレーターのロマンスがあったり、『毎日面白おかしく仕事をしよう、お互い助け合って』って雰囲気で、そういう雑多の中からいいものが生まれた、っていう説明文があったんです。

それが、今では手書きじゃなくてPCの処理で、期限があって分業制で、一人ひとり黙々と仕事をしているって。隣同士何をしているのかわからない。労働とは何ぞや？ って考えちゃいました」

智佳の話を聞いて、私がE高校の案内で行ったある中学校の光景を思い出した。職員室をノックしても声がない。ままよとドアを開けてみたら、びっしり教員がいる。「あのう……」と声をかけても、すぐそばに座っている人も無反応である。何をしているのか……と思って見たら、ほとんど全員パソコンとにらめっこしているのである。隣の人物との距離がやけに近かったのも、変な感じだった。そんなにドアの近くではない人が、いかにも「迷惑だなぁ」という顔でやっと来てくれたが、「話を聞いてください」とは、とても言えなかった。E高校の案内が入っている封筒を渡して、そそくさとその中学校をあとにしたが、「あんな先生たちに指導されている生徒たちは……」と思うと異様な汚感に襲われた。

確かにパソコン嫌いの私にも、便利なツールだとは思う。しかし、働いている実感としては、省力化のはずだったのにかえって忙しくなった、と感じる。あと紙はすごく使うし、機械がトラブったらイライラするし……。これは想像だが、以前のような手書きだったら、その手間の大変さというところで、お互いの仕事の大変さについても共感が成立したのではないか。いま都立高校の現場では教育庁などから、いろんな調査の依頼などがそれこそ雨あられとやってきて、現場は生徒たちと触れ合う時間を犠牲にして、その対応に追われまくっている。依頼する方はPCに一つ書類を打ち込んで、ポンと押せば、瞬時に全都立高校に通達が届く……こんなシステムが、「依頼された方の事務量の大変さ」にまで想像力が及ばないようにしているのではないか……と勘ぐりたくなるほど、「容赦のない締切期限」が、設定されていることが多いのだ。こんなことを思うのは「仕事が遅い」私のひがみだろうか。なお付言すれば、そういう依頼を通達する方々の労働も、おそらく容赦なく追いつめられて余裕がなくなっているのではないかと思われる。通達メールを発出した時刻を見ると、午前0時とか午前2時とかいうのがあった。

やはり、人間が人間として大切にされていないと思う。では、どうしたらいいだろうか。

（２）この本で私が言いたかったこと

現代社会の闇

「人間が大切にされていない社会」、２章で書いたように、コスト削減競争が第一にされている。また、みんなゆとりがなく、コンビニやネット販売などで「欲しいものは、すぐ手に入る」感覚が錯覚をはびこらせ、手っ取り早い「答え」に至上価値があるとされる。じっくり、ゆっくり考えるタイプの良さはなかなか評価されない。効率重視の観点からマニュアルが整備されて創造性が発揮しにくくなっている。

そういう社会の鏡である子どもたちはどうか。３章で引用した国連への報告書にあったように、「態度・興味・関心」といった「心のありよう」まで評価対象とされ、「この場で求められる正解」を、態度も含め必死に探す状況を強いられている。他人との比較でしか物事を考えられない。これに同調圧力や政治への絶望が加わって、ランク付けがついてまわる。他人との比較でしか物事を考えられない。序列社会が価値観の基底にあるから、どこに行ってもランク付けがついてまわる。無力感、閉塞感は半端ではないと思う。かりに学校という「レール」での競争の「勝ち組」になったとしても、どうだろう。１章で記した「いい高校」の生徒たちも、〝いい子〟を演じ、自分を素直に出せず、ひよわな印象は否めない。自信満々な子どもがいたとしても、それが他人との比較という代物だったら、周囲をバカにしたりするのがオチだろう。逆に、自信のない子は、自分より「バカにできる存在」を探して、「いじり」「いじめ」の対象にするだろう。ＴＶのバラエティ番組など見ていても、良質なものもあるが、他人をバカにしたり、肉体的な虐待で笑いをとったりして目をそむけたくなるものもある。
そして、大人も若者も、おそらく「将来への不安」という点では共通していると思うが、いい関係がなかなか作れずにいるように感じてしまう。

人間どうし尊重し合う関係を

自分を見ていて「人間って、厄介な存在だなあ」と、つくづく思う。恥ずかしながら告白すると、私は「図々しいけど、気が小さい」「気が小さいのに、大人物ぶりたくなる」しょうもない人間である。たとえば他人から何か頼まれたりしてた時に、うじうじした態度を見せたくなくて「よしいいよ！」などと引き受けて後で後悔したりするのだ（ああみっともない）。

しかし開き直って考えると、欠点のない人などいないのだ。だから1章で書いた、晃の私に対する後半以降の態度など、いいものではないか。そして、私が第一印象で晃たちを「だめだこりゃ」と思ったように、たぶん晃も最初は私に嫌悪感をいだいたと思う。それがガラッと変わった。そう、人間は矛盾に満ちた存在であると同時に、関係性が変わる生き物でもあるのだ。5章で梓が言っているように、人間関係づくりは楽しいのである。では、突破口はどこか。

以前から思っていることだが、私は、「いまどきの若者は、センスがいいし、任されたら、すごいことをやってのける」と感じている。この本に登場した、耕太の考え方、智佳や愛や弘樹や輝哉がやっていることなどは、「すごい！」と思う。

最近読んだ本では、宮下与兵衛氏の『地域を変える高校生たち』（かもがわ出版）という本に出てくる高校生たちも、「すごい！」と感じた。たとえば、長野県辰野町の高校生たちは、市町村合併の是非、大きな工場の跡地利用、町立病院の移転改築、町のゴミ処理などの問題で町民にアンケートをとったり、町の代表たちとの話し合いに臨み、彼らの考えを町が採用したりしている。また、町の商工会会長から要望されて、駅前商店街の空き店舗に、「家に閉じこもりがちな独居老人の方々が集えるカフェ」なんて始めたり、地元の製菓会社とお菓子の商品開発に取り組んだり（県内のスーパーで売られている、とのこと）している。

そういう、若者たちの力を引き出し、「戦後民主主義の洗礼を受けた」われわれ年輩の者たちと若者たちとがともに良きもの、良き人間関係を創出していく道は、必ずある、と思う。私がこの本で書いたことも、そのささやかな一例ではないだろうか。私の場合は、大人の方から〝人間くさい〟面を出して、しかも〝上から目線〟でなかったから、生徒たちも心を開いていったのではないだろうか。3章や5章で私が歌を歌ったこと、4章や5章で私が手書きでプリントを作っていることが肯定的にとらえられていることも、示唆的であると思う。ただ念のために付言するが、これを逆効果に感じる生徒たちも勿論いる。しかし再度開き直ろう。40人学級のクラス全員の好みが一致することなど、あり得ない。教員の個性が出ることこそ、「人間が人間を教えている」教育の営みの特性なのだ。……いや、また念のための付言が必要になった（あー、人間ってホント厄介だ）。どんな個性でも、生徒に押しつけていい、などと言うつもりはない。本書で記したとおり、私は40代まで、智佳のクラスを例外として、授業は不本意だった。今から振り返ると、私の授業は一人相撲の個性の押しつけに終始していた。それが、50歳になる年、2章に書いた耕太たちへの授業でやっとつかめて、それからは何人かの生徒たちに〝カワイイ〟と言われ、自分も素《す》を出せて心地よく、それを聞いている生徒たちもおおむねあたたかい表情で……という、いい連鎖が生まれるようになったのだ。

そういえば、４章のＤ高校で、私がホームルーム担任をしているクラスで2年連続「副担任」してくれた同僚が、「小泉さんのクラスは、あたたかい」と言ってくれたことがあった。２０１４年のＦ高校で私の授業を見てくれた若手教員が、「小泉先生の授業を受けている生徒たちの表情が、あたたかくて自然体だった」と言ってくれたが、両方とも嬉しい評価である。「生徒たちと私と、互いに尊重し合う関係だからこそ」と、ひそかに自負しているのだが、ここまで読んでくださった方々は、本書での智佳・弘樹・梓たちのクラスや、愛が見た私の授業などで、どのように感じられただろうか。

（3） 信頼関係と〝リアル〟

もちろん、互いに尊重し合えた人間関係を形成したとしても、問題は絶えない。クラスであれ、家族であれ、日本という大きな社会であれ。人間は矛盾に満ちた、厄介な存在だからこそ。

いやむしろ、6章で智佳が語っているように、軋轢を避けずにぶつかって乗り越えてこそ自信がつくのだ。ポジティブに言えば、〝問題が起き、葛藤が生じた時こそチャンス〟なのだ。人格的には対等な信頼関係があれば、〝苦労も楽しい〟とすら、なると思う。その中だったら、失敗も成長につながるだろう。

何が一番大切な事なのか。たとえば、民主主義というと、「多数決」が金科玉条とされるかもしれない。しかし、1章の智佳や4章の省吾の振る舞いを見てほしい。へたをすれば〝暴走〟になるかもしれないが、「このくらいやっても、この集団なら大丈夫」という相互理解や信頼関係こそが大切だと思う（多数決を否定するつもりはないが）。

そして、内容的には、1章で智佳が実践していた「いのちの授業」のような〝命がけ〟の〝リアル〟を若者は求めている。飢えている、と言ってもいい。これだけバーチャルな世界がはびこるなか、いやそれだからなお、彼らは〝リアル〟を求めている。2012年の東京都知事選挙で、20代の若者からの得票率で、当選した舛添氏に次いで「タカ派」とされた田母神氏が二位になった時「若者の右傾化か？」と話題になったが、私の見るところ、そういうイデオロギー的な選択ではなくて、尖閣諸島をめぐる日中の〝対決〟が喧伝されるなかで彼の主張が一番リアルに感じられたからではないかと思う。智佳の実践に戻ると、あの授業では「生まれてくる」という点での絶対的な平等感や自己肯定感もよかったと思う。私の授業でいえば、「手書きがいい」（4章の弘樹、5章）、「歌がよかった」（3章の智佳、5章の諒）といったことに、人間味あるリアルがあったのではないだろうか。本章の（1）で智佳が注目した「昔のスタジオジブリの労働」のように。

さきに『地域を変える高校生たち』を紹介したが、1章の智佳たちの子育てネットワーク、4章の弘樹たちの「オポーネル」のような、「いまどきの若者たち」の、〝楽しく〟〝みんなで〟本物を見つけていこうとするセンスは、我々の世代にない素晴らしさを感じる。そこから弘樹が、「レール以外の部分」で自信を持ち、「憧れとか嫉妬とか消えた」つまり〝比べぐせ〟からおサラバし、序列をのりこえ、いま、〝対等で民主主義的な働き方をする未来〟を展望する視点を構築したことに、私も寄り添っていきたい。4章に書いた輝哉が、農業の新しい可能性を現実のものにしようとしていることにも。そういった若者の新しいセンスの中に、私のような中高年も含めた、この国の未来もあるのではないだろうか。

……そういうことを考える時、宮沢賢治の『生徒諸君に寄せる』という詩が思い浮かぶ。賢治の死後に発見され、『朝日評論』1946年4月号に掲載されたというものだが、その一節を紹介したい。

中等学校生徒諸君　諸君はこの颯爽たる　諸君の未来圏から吹いて来る　透明な清潔な風を感じないのか（中略）諸君はこの時代に強ひられ率ゐられて　奴隷のやうに忍従することを欲するか（中略）むしろ諸君よ　実にあらたな正しい時代をつくれ（中略）宙宇は絶えずわれらによって変化する　誰が誰よりどうだとか　誰の仕事がどうしたとか　そんなことを言ってゐるひまがあるか（中略）新しい時代のコペルニクスよ　余りに重苦しい重力の法則から　この銀河系を解き放て（中略）新たな時代のマルクスよ　これらの盲目な衝動から動く世界を　素晴らしく美しい構成に変へよ（後略）

32歳の宮沢賢治（発病の前年だったという）のねがいを、私も共有したい。私の目には、智佳や耕太たち、いや、日々相手をしている高校生たちも、「新しい時代のコペルニクス」になる可能性を秘めた存在として映る。そしてコペルニクスやマルクスも、１人では世界を変えることはできないのだ。私は、私に残された人生、そういう彼らに寄り添って過ごしていきたいと思っている。

おわりに

耕太もそんなことを言っていたが、ふと、こんなことを考えてみたくなる。

もし、あの時の耕太が、私と出会わなかったら？　出会っていても、「体育祭なんてカッタルイ」とか思って参加せず、そもまま私の世界史の授業を受け続けていたら？

もし、智佳が二年のクラス替えで、私の担任するクラスに入らなかったら？　彼女は、とにかくエネルギーの固まりみたいなところがあって、高校時代にはバンドを組んでドラムを叩いたりしていたから、当時の状況に対するもやもやした不満から、金髪ドラマーに変身していたりして……？

弘樹や輝哉が、私と出会わなかったら？

もちろん、私以外の誰かとの出会いがあり、いまと違った道で「開花」していたかもしれないし、そんなことは、誰にもわからないのだが。

彼らが、私との関係だけでなく、「集団の中で、自分に自信をもって成長していった」ということも大切な視点だと思う。私は、高校のクラスは一つの仮想社会だと思う。

6章で書いた「居心地がよくて、素《す》の自分でいられて、互いに互いの価値を認め合って、各自が自己肯定感を持って、成長し合える」という人間関係、そういう社会は、一つの理想ではないだろうか。

この本での私の場合、「個人対個人では、対等な人格として立ち現われた」ことが、いい結果につながった気がする（3章で愛もそこに注目した）。

智佳もそういう自覚を持っていると思うが、智佳のクラスのある生徒が「今度会う時までに、お互い自分を磨いていたいですね」と私にメッセージを記したり、弘樹が最後の取材後のメールで、「まだ、ぼくも先生もこれからです。常に誇れる自分でありたいですね。頑張りましょう。お互い」と入力したような関係である。

一言で言ってしまえば、「民主主義的な人間関係」ということだと思うが、なにも小難しいことを言いたいのではない。この本全体を読んでいただければわかってもらえると思うのだが、そういう関係が成立すれば、「ラクだし、楽しい」のである。

そして、別に「いい大学」に行かなくたって、耕太や弘樹のように、そのなかで成長して人もうらやむ会社に就職しちゃったりするわけだし、もちろんそれで「終わり」ではなく、みんな、そして私も、「これからが楽しみ（苦労も織り込み済みで）」というわけである。いやぁ、人生やめられない。

本書で書いてきた「心地よい人間関係」を体現しているものとして、3章でふれた私立Z高校が思い浮かぶ。同じく3章に登場した、舞の勤務校である。愛と一緒に訪問して授業を見せていただいた時の、鮮烈な印象をいくつか書きたい。三年生の教室の廊下を、舞に案内されて歩いていると、「舞、久しぶりー」「相変わらずお美しい」といった声が飛ぶ。ここはイタリアか？　と思ってしまったが、嫌みやいやらしさがなく、自然なのだ。そして、三年生の「総合的な学習の時間」を見学したが、『しつけのために体罰は必要か』というテーマで、次々に続く発言と、それを集中して聞く他の生徒たちの様子、教員と生徒や生徒どうしの信頼関係が感じられることなど、実に心地よかった。のびのびした生徒たちの姿。人間の集団である限り、もちろんZ高校にも何らかの問題は存在するだろう。しかしあの授業風景からは、私がめざしているものと共通するものが感じられた。Z高校は「自由な」学校として有名だが、私にはそれは単なる自由ではなく、生徒たちの個性や能力を引き出していこうとする姿勢だと思われる。Z高校の卒業生に芸術家やライターで活躍している方が多いのも、わかる気がした。

本書は、出版社である同時代社の社長高井隆氏と、創業者の川上徹氏の「やりましょう」というお言葉がなかったら、日の目を見ることはなかった。いくら感謝しても足りない気がする。川上徹氏は、私の学生時代の憧れの存在であり、この本の出版を決める場で現社長ともども初めてお目にかかることができた。その場で、「この一冊にすべてをこめる、という気持ちでお書きください」「失敗談も書いた方が、説得力が出ますよ」などと、心のこもったアドバイスをくださった。「いつか、二人でお話を」とお願いしていたけれど、2015年1月に帰らぬ方になってしまわれた。かえすがえすも残念でならないが、一度お話しできただけでも幸せだった。ここに謹んでご冥福をお祈りしたい。そしてご子息の現社長には、何度も何度も原稿を読んでいただいて、生まれて初めて自分の本を出す私の、思慮が浅かったり表記がめちゃくちゃだったりした点など、貴重な助言をたくさんいただいた。ここに記して感謝の念を表したい。

最後に、なかなか面と向かって言えないが、執筆に夢中で家のことがおろそかになる（いつものこと？）私を支えてくれた妻に、この場を借りて謝辞をささげたい。そして、取材に協力してくれた卒業生のみんな、この本が書けたのは君たちのおかげです。どうもありがとう。

2015年4月　　小泉秀人

D高校文化祭で作ったクラスお揃いのTシャツを着ている筆者。
卒業生の梨紗が描いてくれた。（「第4章 文化祭に燃えたクラス」参照）

著者紹介

小泉秀人（こいずみ・ひでと）

1952年3月生まれ。都立立川高校、東京大学経済学部卒業後、高校の社会科教員ひとすじ。都立高校で非常勤教員をつとめるかたわら、2015年4月より、首都大学東京と専修大学で講師をしている。

〈共著〉

子安潤ほか編『授業づくりで変える高校の教室1　社会』明石書店、2005年

全国民主主義教育研究会編『主権者教育のすすめ』同時代社、2014年

〈論文〉

「心でつながる授業をめざして」全国民主主義教育研究会『未来をひらく教育』、1989年

「学ぶこと・教えること・ともに行動することがよろこびになった」全国民主主義教育研究会『未来をひらく教育』、1998年

「生徒が考え、意見をぶつけ合う授業ができた…」全国民主主義教育研究会『未来をひらく教育』、2001年

「授業は、生徒とともに真実をさがす旅」全国民主主義教育研究会『未来をひらく教育』、2005年

「高校生の学ぶ意欲を引き出す授業」全国進路指導研究会『進路教育』、2007年

学校が育てた「生きる力」

——"お節介"先生、卒業生に会いに行く

2015年5月30日　初版第1刷発行

著　者　小泉秀人

発行者　高井　隆

発行所　株式会社同時代社

〒101-0065　東京都千代田区西神田2-7-6

電話　03(3261)3149　FAX　03(3261)3237

組　版　有限会社閏月社

装　幀　クリエイティブ・コンセプト

印　刷　モリモト印刷株式会社

ISBN978-4-88683-782-0